职业教育二维码互动类教学用书

U0742940

理财咨询服务实训

常金波　主　编

李丽君　副主编

电子工业出版社

Publishing House of Electronics Industry

北京·BEIJING

内 容 简 介

本书是"职业教育二维码互动类教学用书"之一。本书按照职业教育以培养学生职业技能、职业道德、职业意识为目标，通过 7 个项目 16 个任务，对客户进行理财咨询服务的实操训练，系统地阐述了理财基本常识及银行理财、基金投资、股票投资、保险理财、外汇投资、网络理财等常见理财投资的特点和技巧。

本书注重内容的实用性、科学性、可操作性，理论与案例相结合，图文并茂，语言通俗易懂。

本书主要为中等职业教育财经类专业学生所使用，也可作为有理财需求的社会人士的参考读物。

本书还配有电子教学参考资料包（包括电子教案、教学指南及习题答案等）。

图书在版编目（CIP）数据

理财咨询服务实训 / 常金波主编. —北京：电子工业出版社，2019.7

ISBN 978-7-121-36886-8

Ⅰ. ①理… Ⅱ. ①常… Ⅲ. ①投资－咨询服务－中等专业学校－教材 Ⅳ. ①F830.59

中国版本图书馆 CIP 数据核字（2019）第 120908 号

策划编辑：徐 玲
责任编辑：王凌燕
印 刷：北京盛通商印快线网络科技有限公司
装 订：北京盛通商印快线网络科技有限公司
出版发行：电子工业出版社
 北京市海淀区万寿路 173 信箱 邮编 100036
开 本：787×1 092 1/16 印张：10 字数：256 千字
版 次：2019 年 7 月第 1 版
印 次：2023 年 1 月第 2 次印刷
定 价：25.00 元

凡所购买电子工业出版社图书有缺损问题，请向购买书店调换。若书店售缺，请与本社发行部联系，联系及邮购电话：（010）88254888，88258888。

质量投诉请发邮件至 zlts@phei.com.cn，盗版侵权举报请发邮件至 dbqq@phei.com.cn。

本书咨询联系方式：xuling@phei.com.cn。

本书为"职业教育二维码互动类教学用书"之一。教材结合金融事务专业人才培养方案和职业教育现状编写，涵盖个人理财的主要内容。为适应职业教育的需要，编者力求体现当代职业教育新理念，为紧跟金融行业的发展，尽量使教材保持一定的知识与技术领先。

本书通过 7 个项目 16 个任务，对客户进行理财咨询服务的实操训练，系统地阐述了理财基本常识及银行理财、基金投资、股票投资、保险理财、外汇投资、网络理财等常见理财投资的特点和技巧。

本书在体例设计上突破了传统教材的编写模式，项目中的每个任务下设有任务导入、知识准备、角色扮演、任务检测、拓展阅读等栏目，将理论与实践紧密结合，以适应教师引导、学生模拟、任务驱动、提高技能的教学理念和方法。本书适合作为职业院校的金融事务专业及相关专业的教学用书，或者作为金融行业从业人员的参考资料和员工培训用书。

本书由常金波担任主编，李丽君担任副主编，参加编写的还有周伟、夏东岳、孙诺、田春丽、孙华飞。具体编写分工为：常金波编写项目一，周伟编写项目二，夏东岳编写项目三，孙诺编写项目四，田春丽编写项目五，李丽君编写项目六，孙华飞编写项目七。全书由常金波负责体例设计，常金波、李丽君负责统稿。教材在编写过程中得到了许多商业银行、基金公司、投资公司中的行业专家和电子工业出版社的领导和同仁的大力支持，在此表示衷心感谢。

为了方便教师教学，本书还配有电子教案、电子版的教学指南及习题答案，请有此需要的教师登录华信教育资源网（www.hxedu.com.cn）下载或与电子工业出版社联系（E-mail：hxedu@phei.com.cn），我们将免费提供。

在本书的编写过程中，我们参考了有关商业银行、基金管理公司等方面的规章、规则、规定、规范、标准等实用性资料，在此对提供有关资料并对本教材进行审核的领导及专家表示衷心的感谢！

由于编者的水平有限，书中有些内容会存在问题或不足，疏漏和错误在所难免，在此敬请广大读者见谅，也恳请有关专家或使用者提出宝贵意见并批评指正。

编　者

目录

项目一
良好心态谈理财

项目目标

❖ 熟知理财中经常使用的名词；

❖ 掌握合理的理财观念与机智的理财诀窍；

❖ 学会与客人有效沟通；

❖ 初步树立咨询服务的职业意识。

任务一　揭秘常用理财名词

理财是指通过一系列财务规划的程序将不同形式的财富予以科学管理的过程。它是与每个人、每个家庭都关系密切的一件事。例如，有的人想做生意；有的新婚家庭计划在未来五年内买一套属于自己的房子；还有的人准备给自己的孩子积累一笔海外留学资金。

任务导入

客户张先生每年都将积蓄的 100 000 元进行投资，每年都能获得 5%的回报，请你帮客户测算一下投资 5 年后，能得到多少钱？

知识准备

一、常用理财名词

1．年收益率与年化收益率

我们经常会看到"某银行 90 天的理财产品，年化收益率 5%"，这里的"年化收益率"和"年收益率"是一回事吗？

当然不是一回事，年收益率是指进行一笔投资，一年之后能够得到的实际收益率。年化收益率是把当前收益率（日收益率、周收益率、月收益率）换算成年收益率来计算的，是一种理论收益率，并不是真正的已取得的收益率，年化收益率是变动的。

以某款 90 天的银行理财产品为例，年化收益率 5%，10 万元投资，到期的实际收益为 100 000×5%×90/365=1 232.87（元），绝不是 100 000×5%=5 000（元），这里要考虑到投资的期限。

2．固定收益率与预期年化收益率

固定收益率，即到期收益是固定的，也就是说预计的收益与到期实际到手的收益是一致的。例如，某固定收益类基金产品，2 年期的 20 万元投资本金，固定收益率为 9.8%，到期实际收益率也是 9.8%。收益率通常都是以年为时间单位来表示的。

预期年化收益率，并不是指到期实际到手的收益率，是指发售机构对发行的理财产品初期的一个最终收益率的估值。例如，一款预期年化收益率为 10%的理财产品，到期实际收益率可能在 5%左右，究竟多少是不能确定的，要看到期实际到手的收益。

3．利率、单利与复利

利率是指一定时期内利息额同借贷资本总额的比率。利率是单位货币在单位时间内的利息水平，表明利息的多少。利率是借款人需向其所借金钱所支付的代价，即放款人延迟消费

借给借款人所获得的回报。通常以一年期利息与本金的百分比计算，用"i"表示。

单利是指按照固定的本金计算的利息，是计算利息的一种方法。单利的计算取决于所借款项或贷款的金额（本金）、资金借用时间的长短及市场一般利率水平等因素。按照单利计算的方法，只要本金在贷款期限中获得利息，不管时间多长，所生利息均不加入本金重复计算利息。这里所说的"本金"是指贷给别人以收取利息的原本金额。"利息"是指借款人付给贷款人超过本金部分的金额。

复利是指每经过一个计息期后，都要将所生利息加入本金，以计算下期的利息。这样，在每一个计息期，上一个计息期的利息都将成为生息的本金，即以利生利，也就是俗称的"利滚利"。计算利息的周期越密，财富增长越快，年期越长，复利效应也会越来越明显。

4．系统性风险与非系统性风险

风险是指在一定条件下和一定时期内造成亏损的可能性。

系统性风险主要是由政治、经济及社会环境等宏观因素造成的，包括政策风险、利率风险、购买力风险和市场风险等。

非系统性风险是指对某个行业或个别证券产生影响的风险，它通常由某一特殊的因素引起，与整个证券市场的价格不存在系统的全面联系，而只对个别或少数证券的收益产生影响。它也称微观风险，具体包括财务风险、经营风险、信用风险、道德风险等。

系统性风险和非系统性风险的区别如表 1-1 所示。

表 1-1　系统性风险和非系统性风险的区别

比 较 项 目	系统性风险	非系统性风险
来源	来自外部医素	来自内部因素
能否分散	不可分散	可通过投资组合分散
影响特性	普遍性	个别性
成因	政策风险（政府的经济政策和管理措施的变化）、利率风险（市场利率水平的变化）、购买力风险（物价的变化）、市场风险（证券价格的变化）	财务风险、经营风险、信用风险、道德风险

二、常用计算公式

在计算投资价值时，我们通常要站在两个时间点上进行讨论，即现在和未来，因此要将资金现在的价值和未来的价值之间按照一定的利率或折现率进行换算。为了快速计算，通常可以通过现值或终值系数直接进行计算。

复利终值的计算公式是：$F = P(1+i)^n$

复利现值的计算公式是：$P = F(1+i)^{-n}$

年金终值的计算公式是：$F = A((1+i)^{n-1})/i$

年金现值的计算公式是：$P = A(1-(1+i)^{-n})/i$

其中，F 代表终值，或叫未来值，即期末本利和的价值；P 代表现值，或叫期初金额；A 代表年金，或叫等额值；i 代表利率或折现率；n 代表计息期数；$(1+i)^n$ 称为复利终值系数；$((1+i)^{n-1})/i$ 称为年金终值系数；$(1+i)^{-n}$ 称为复利现值系数；$(1-(1+i)^{-n})/i$ 称为年金现值系数。由此可见，在期限和利率相同的条件下，复利终值系数和复利现值系数互为倒数。

举例：年金的计算

客户李先生每年存入一笔钱，计划 10 年退休后用于旅游，费用大概需要 180 000 元，那么现在应该每年存入多少钱？（假定市场平均利率是 3%）

每年都要存入的一笔钱，可以看作年金。这笔钱的终值为 180 000 元，可以用年金终值的计算公式来计算每年要存入的钱数。查找利率为 3%，期限为 10 年的年金终值系数为 11.4639，年金=180 000/11.4639≈15 701.46（元）。

举例：年金现值的计算

客户王先生根据租房合同，在 3 年租赁期内每年要支付租金 2 000 元，他想知道现在要一次性存入银行多少钱？（假定市场平均利率是 3%）

可以用年金现值的计算公式来计算一次性要存入的钱数。查找利率为 3%，期限为 3 年的年金现值系数为 2.828，年金现值=2 000×2.828=5 656（元）。

复利终值系数、复利现值系数、年金终值系数、年金现值系数均可以通过查表快速查到。首先确定年利率和期数，系数表第一行表示利率，第一列表示期数，根据所要找的利率和期数找到相应数字即可。

（系数表）

小故事中的 理财智慧

大学生小薇用自己积攒的零花钱 5 000 元开起了网店，从网店的摄影、美工、售前、售后都是自己一步一步摸索的。开始时网店主要销售手机壳，经过一个多月的打理，第一个月经营收入 2 000 元。后来，她发现同学们网购学生包的人挺多，于是打算做学生包市场。但是其他淘宝店的包包也挺多，怎样才能卖出自己店铺的特色？恰好，一个去国外留学的朋友送给她一个牛皮包，样式简单大方，但是风格又独具特色，于是她将它的图片放在店铺内展示，过了几天，她发现点击的人数越来越多，而且订单也挺多。一年以后，她发现已经赢利 30 万元，每月大概收入 6~7 万元，扣除成本，净利润大概 3 万元。（案例选自罗春秋. 从零开始学理财[M]. 中国铁道出版社，2014.13-14）

思考：大学生小薇没有"啃老"，是怎样实现财富积累的？

角色扮演

亲爱的同学们, 我们可以
为客户提供理财咨询服务了!

【实训目标】

解答客户咨询的问题。

【实训要求】

1. 运用所学知识为客户解答有关理财的问题。

2. 按照职业标准着装, 热情接待客户。

3. 组建小组, 每 2 人一组。

【实训内容】

1. 客户张先生每年都将积蓄的 50 000 元进行投资, 每年都能获得 3%的回报, 请你帮客户测算一下投资 5 年后能得到多少钱?

2. 任务完成后填写评价表, 如表 1-2 所示。

【实训过程】

讲解: _____

_____

_____

计算: _____

_____

_____

【实训评价】

根据评价要素, 将个人的评分及说明填写在表 1-2 中。

表 1-2 评价表

评价项目	评价要素	分值	评分及文字评价
语言表达	使用专业术语准确	15 分	
	解答条理清晰	15 分	
	语言亲切、自然	5 分	
	口齿清楚、表达流利	5 分	

续表

评价项目	评价要素	分值	评分及文字评价
解决问题	计算公式正确	20 分	
	计算结果正确	20 分	
	结论明确	20 分	
合　　计		100 分	

任务检测

1. 知识检测

（1）填空题

① 系统性风险包括＿＿＿＿＿＿、＿＿＿＿＿＿、＿＿＿＿＿＿、＿＿＿＿＿＿。

② ＿＿＿＿＿＿是指在每经过一个计息期后，都要将所生利息加入本金，以计算下期的利息。

（2）计算题

① 将 1 000 元存入银行，定期 3 年，年利率 10%，3 年期满，按复利计算，可以从银行得到多少元？

＿＿

＿＿

＿＿

② 拟在 5 年后用 10 000 元购买新家电，银行现在的年利率为 10%，问现在需要一次存入银行多少元？

＿＿

＿＿

＿＿

2. 牛刀小试

【资料】

客户张先生 4 年后要偿还 60 000 元债务，从现在起每年年末等额存入银行一笔款项，假定市场平均利率为 10%，则每年需存入多少钱？请帮张先生测算一下。

【要求】

（1）选择正确的计算公式，为客人做讲解。

（2）以小组为单位完成任务。

【操作记录】

_____

_____

_____

_____

_____

拓展阅读

> 午休时间，小张突然给大伙发了一张纸和一支笔，在大家都还不明白怎么回事的时候，他开口了，原来他想让大伙做一道财富题。
>
> 题目很简单，如果今天一次性让你拥有 100 万元，或者从今天开始第一天给你 1 元，连续 30 天，每天都给你前一天的两倍的金额，你会怎么选？
>
> 看完题目，大伙就开始计算起来，第一天 1 元，第二天 2 元，第三天 4 元，如此成倍的增长下去，小张看着大家白纸上的数字，最远的算到了 13 天，金额为 4 096 元。
>
> 看着金额，大家摇摇头，于是纷纷选择"今天拥有 100 万元"，都认为这是最理想的状态。而此时，小张告诉大家，如果大家坚持第二种方法，就会发现到第 30 天的时候，你能拥有财富 5 亿元。
>
> 思考：你知道这其中的奥秘是什么吗？

任务二　拥有合理的理财观念

理财是人们满足对自有资产实现保值增值需要的一种行为。现代社会中的理财既非购买单一的产品或服务，也非一锤子买卖，更非拍脑袋决策，而是贯穿人们一生的、动态的、专业化的过程，是一种衡量风险和收益的理性行为。理财之本，不在于金额的大小，而在于一种态度和习惯。事实上，投资理财并不是富人的专利，越是没钱的人越需要理财。"你不理财，财不理你"。每个人都可以理财，但是首先要有良好的心态，理财不是一朝一夕的事情，需要树立长期理财观念。

任务导入

客户赵先生大学毕业后，在一家外企从事广告策划工作，月薪 6 000 元，每月支付各种支出以后，基本上没有余钱，可以说是月光族。他看到同学去投资赚钱，也心动了，可是手中无钱。他不明白自己的问题出在了哪里？

![知识准备]

知识准备

一、理财目标

凡事预则立，不预则废。理财是个人、家庭的重大财务活动，必须要有切实可行的目标。然而，人生的不同年龄阶段有着不同的理财目标和理财重点，成功的理财要有计划、有步骤、持续地执行并及时调整自己的理财方案，让生活从容富足，充满乐趣。人生各阶段的理财目标如表 1-3 所示。

表 1-3 人生各阶段的理财目标

人生阶段	成长期	青年期	成年期	成熟期	稳定期	退休期
时 间	出生至婚前（25 岁以前）	结婚初期（26～35 岁）	婚后十年（36～45 岁）	婚后第二个十年（46～55 岁）	婚后第三个十年（56～65 岁）	退休后（65 岁以后）
特 点	财富积累很少	财富积累逐渐增加，可承担风险大的投资项目	财富积累较多，家庭负担增加	收入达到顶峰，借贷能力最高	事业和收入达到最高	风险承受能力低
理财目标	丰富理财知识	为购买婚房做准备	买楼置业、保障家庭，使资产增值	子女教育、退休养老、储蓄、投资等全面兼顾	为退休养老做准备	保证本金安全及固定收入
理财重点	积极储蓄	选择资本高增长率的投资对象	投资组合	均衡投资、合理配置	收益型投资	保守型投资

根据人生规划的进程，了解自己的生活需求，制订短期、中期、长期的理财计划，定期检查、弹性调整，保证各阶段理财目标的实现。其实，理财就是理人生，生儿育女、养家糊口，每个人都要如此度过一生。所以，我们要在每个人生阶段做出正确的选择，合理规划财富，才能成就幸福人生。

二、理财原则

1. 风险匹配原则

投资时应购买风险评级等于或低于投资者风险承受能力评级的理财产品，这就是风险匹配原则。风险与收益是对称的，也就是说要追求较高的收益，就要承担较大的风险；反之，要获得稳定的收益，也不必冒太大的风险。投资人首先要对自己的风险承受能力进行评估，然后再去选择相匹配的理财产品，这样可以有效规避风险。

1）填写投资者风险承受能力评估问卷

中国证券业协会发布的个人投资者风险承受能力评估问卷（试行模板）如图 1-1 所示。

风险提示：证券投资可能获得比较高的投资收益，但也存在比较大的投资风险，请您根据自身的风险承受能力，审慎做出投资决定。

尊敬的投资者：

为了便于您了解自身的风险承受能力，选择合适的投资产品和服务，请您填写以下风险承受能力评估问卷。下列问题可协助评估您对投资产品和服务的风险承受能力，请您根据自身情况认真选择。评估结果仅供参考，不构成投资建议。为了及时了解您的风险承受能力，我们建议您持续做好动态评估。我们承诺对您的所有个人资料保密。

1. 请问您的年龄处于（　　　）。

   A. 30 岁以下　　B. 31～40 岁　　　C. 41～50 岁　　　D. 51～60 岁　　　E. 60 岁以上

2. 您的家庭预计进行证券投资的资金占家庭现有总资产（不含自住、自用房产及汽车等固定资产）的比例是（　　　）。

   A. 70%以上　　B. 50%～70%　　　C. 30%～50%　　　D. 10%～30%　　　E. 10%以下

3. 进行一项重大投资后，您通常会觉得（　　　）。

   A. 很高兴，对自己的决定很有信心　　　　　　B. 轻松，基本持乐观态度

   C. 基本没什么影响　　　D. 比较担心投资结果　　　E. 非常担心投资结果

4. 如果您需要把大量现金整天携带在身的话，您会感到（　　　）。

   A. 非常焦虑　　　　　B. 有点焦虑　　　　　　C. 完全不会焦虑

5. 当您独自到外地游玩，遇到三岔路口，您会选择（　　　）。

   A. 仔细研究地图和路标　　　　　B. 找别人问路

   C. 大致判断一下方向　　　　　　D. 也许会用掷骰子的方式来做决定

6. 假设有两种不同的投资：投资 A 预期获得 5%的收益，有可能承担非常小的损失；投资 B 预期获得 20%的收益，但有可能面临 25%甚至更高的亏损。您将您的投资资产分配为（　　　）。

   A. 全部投资于 A　　　　　B. 大部分投资于 A　　　　　C. 两种投资各一半

   D. 大部分投资于 B　　　　　E. 全部投资于 B

7. 假如您前期用 25 元购入一只股票，该股现在升到 30 元，而根据预测该股近期有一半机会升到 35 元，另一半机会跌到 25 元，您现在会（　　　）。

   A. 立刻卖出　　B. 部分卖出　　C. 继续持有　　　D. 继续买入

8. 同上题情况，该股现在已经跌到 20 元，而您估计该股近期有一半机会升回 25 元，另一半机会继续下跌到 15 元，您现在会（　　　）。

   A. 立刻卖出　　B. 部分卖出　　　C. 继续持有　　　D. 继续买入

9. 当您进行投资时，您的首要目标是（　　　）。

   A. 资产保值，我不愿意承担任何投资风险

   B. 尽可能保证本金安全，不在乎收益率比较低

   C. 产生较多的收益，可以承担一定的投资风险

   D. 实现资产大幅增长，愿意承担很大的投资风险

图 1-1　个人投资者风险承受能力评估问卷（试行模板）

10．您的投资经验可以被概括为（　　　　）。

A．有限：除银行活期账户和定期存款外，我基本没有其他投资经验

B．一般：除银行活期账户和定期存款外，我购买过基金、保险等理财产品，但还需要进一步的指导

C．丰富：我是一位有经验的投资者，参与过股票、基金等产品的交易，并倾向于自己做出投资决策

D．非常丰富：我是一位非常有经验的投资者，参与过权证、期货或创业板等高风险产品的交易

11．您是否了解证券市场的相关知识（　　　　）。

A．从来没有参与过证券交易，对投资知识完全不了解

B．学习过证券投资知识，但没有实际操作经验，不懂投资技巧

C．了解证券市场的投资知识，并且有过实际操作经验，懂得一些投资技巧

D．参与过多年的证券交易，投资知识丰富，具有一定的专业水平

12．您用于证券投资的资金不会用作其他用途的时间段为（　　　　）。

A．短期——0～1年　　　　B．中期——1～5年　　　　C．长期——5年以上

评估意见：您的风险承受能力评级属于：＿＿＿＿＿＿＿＿＿型

投资者签署：依据诚实守信的原则，本人如实填写了本问卷。本人已知晓自己的风险承受能力评估结果，并在做出投资决策前将认真阅读相关风险揭示书，了解投资产品和服务的风险级别。

投资者：＿＿＿＿＿＿＿＿（签名）

经办人签署：＿＿＿＿＿＿＿＿＿

评估日期：＿＿＿＿＿＿＿＿＿

图 1-1　个人投资者风险承受能力评估问卷（试行模板）（续）

2）计算风险承受能力评估得分

根据投资者回答情况计算评估得分，如表 1-4 所示。

表 1-4　各题评分表

序　号	1	2	3	4	5	6	7	8	9	10	11	12
A	3	1	9	1	3	0	0	0	1	1	1	1
B	7	3	7	3	5	3	3	3	5	3	3	5
C	9	5	5	7	7	5	5	5	7	7	7	7
D	5	7	3		9	7	7	7	9	9	9	
E	1	9	1		9							

得分：＿＿＿＿＿＿＿

3）评级客户风险承受能力

客户风险承受能力评级有 3、5 两挡分类标准，如表 1-5、表 1-6 所示。常见的为 5 挡分

类标准。

表 1-5　3 挡风险等级表

等级 分值	保　守　型	稳　健　型	积　极　型
得分下限	11	37	73
得分上限	36	72	100

表 1-6　5 挡风险等级表

等级 分值	保　守　型	相对保守型	稳　健　型	相对积极型	积　极　型
得分下限	11	25	37	73	87
得分上限	24	36	72	86	100

4）投资者选择风险匹配的理财产品

客户风险承受能力评级的说明及其与适合购买的理财产品类型匹配如表 1-7 所示。

表 1-7　客户风险承受能力评级的说明及其与适合购买的理财产品类型匹配

风险等级	风险水平	产品类型	评级说明
保守型	很低	1 星级产品	对于投资产品的任何下跌都不愿意接受，甚至不能承受极小的资产波动，属于风险厌恶型的投资者
相对保守型	较低	2 星级（含）以下的产品	不愿意接受暂时的投资损失，关注本金的安全，属于稍微有些风险厌恶型的投资者
稳健型	适中	3 星级（含）以下的产品	愿意承担一定程度的风险，主要强调投资风险和资产增值之间的平衡，为了获得一定收益可以承受投资产品价格的波动，甚至可以承受一段时间内投资产品价格的下跌
相对积极型	较高	4 星级（含）以下的产品	为了获得高回报的投资收益，能够承受投资产品价格的显著波动，主要投资目标是实现资产增值，为实现目标往往愿意承担相当程度的风险
积极型	高	5 星级（含）以下的产品	能够承受投资产品价格的剧烈波动，也可以承担这种波动所带来的结果，投资目标主要是取得超额收益，为实现投资目标愿意冒更大的风险

2．分散投资原则

不论在任何投资组合中，都要有分散风险的理念。1981 年，诺贝尔经济学奖得主詹姆斯·托宾说过一句很经典的话——鸡蛋不能放在同一个篮子里。分散投资原则的意义就在于降低投资风险，保证投资者收益的稳定性。因为持有的单一资产波动性较大，会使失误的概率很高，失误后也可能造成满盘皆输。而通过资产配置，利用不同资产间的风险差异，则可以降低整体风险，降低投

资组合的波动率。

举例：分散投资的好处

假如 2017 年时，你有 10 万元，买了 5 万元的股票基金和 5 万元的债券基金。

一年之后，股票基金亏了 50%，债券基金赚了 5%。你的 10 万元变成了 7.75 万元，但如果最初都买了股票基金，那 10 万元就只剩下 5 万元了。

第二年，股票基金赚了 60%，债券基金赚了 4%。你的 7.75 万元变成了 9.46 万元。如果当年全买了股票，那么上一年剩下的 5 万元，这一年变成了 8 万元。

第三年，股票基金赚 10%，债券基金赚 5%，各买一半的话，现在变成了 10.133 万元，而全买股票基金的话，到第三年是 8.8 万元。

最简单的投资组合：银行储蓄+短期理财产品

银行储蓄是最为传统的理财方式，它的好处就在于能帮助大家养成爱储蓄的好习惯。除了储蓄，投资者可以购买短期理财产品，周期短，收益较高，稳定性也好。因此，银行储蓄与短期理财产品的组合能帮你在短期内获得较高收益。

最经典的投资组合：货币基金+固定收益类产品

要想获得长期稳定的收益，投资者可选择货币基金与固定收益类产品的组合，这是最经典的保本投资与风险投资组合。理财师表示，理财可以遵守"二八原则"，八成资金用于购买货币基金，风险性较小，每日计息，随时用随时能赎回，保证了本金与稳定收益，相比银行存款利息高；两成资金购买固定收益类产品。

最稳健的投资组合：60%固定收益类产品+20%货币基金+20%股票等

对于稳健型投资者来说，投资组合中无风险或低风险的产品比重较大，多配置一些固定收益类理财产品，本金有保障的同时，收益更稳定。

最激进的投资组合：50%股票等+30%固定收益类产品+20%货币基金

对于激进型投资者而言，投资组合中高风险的产品所占比重较大，这种方式能让激进型投资者在最短的时间内使其投资组合的价值最大化。

小故事中的理财智慧

有一年，美国的一家银行因为违规营业及财务上的问题，被联邦政府勒令关闭。该公司被接管后，马上通知所有的存款人前往提款。因为美国的银行有 10 万元的存款保障，也就是说，银行倒闭时客户的存款若在 10 万元以内，都不会受到损失。可是，偏偏有许多人认为这是一家实力雄厚、信誉良好的"百年老店"，是不可能倒闭的，因此，就放心地把毕生的积蓄都存在了这家银行。结果可想而知，这些人毕生的积蓄就这样在一夜间化为乌有，损失实在惨重。

思考： 故事中许多投资人损失惨重的原因是什么？

角色扮演

亲爱的同学们，我们可以
为客户提供理财规划建议了！

【实训目标】

根据客户需要为客户进行理财规划。

【实训要求】

1. 运用所学知识为客户解答有关理财规划的问题；

2. 按照职业标准着装，热情接待客户；

3. 组建小组，每 2 人一组。

【实训内容】

1. 26 岁的曹小姐，月收入 3 000 元。老公 29 岁，月收入 8 000 元。两人上下班都要坐一个小时的公交车。因此小两口计划一年后买一辆属于自己的车，15 万元左右的代步车就够了。曹小姐家中现有存款 100 000 元。而在支出方面，家庭每月房贷 3 500 元，生活每月开销 4 000 元，月结余 3 500 元。一年后总计结余 42 000 元，加上现有的 10 万元存款，才 14 万元多一点。买车资金捉襟见肘。曹小姐该如何理财，才能在一年内买车呢？

2. 任务完成后填写评价表 1-8。

【实训过程】

_____

_____

_____

_____

_____

【实训评价】

根据评价要素，将个人的评分及说明填写在表 1-8 中。

表1-8 评价表

评价项目	评价要素	分值	评分及文字评价
语言表达	使用专业术语准确	15分	
	解答条理清晰	15分	
	语言亲切、自然	5分	
	口齿清楚、表达流利	5分	
解决问题	理财目标明确	20分	
	考虑因素全面、客观	20分	
	结论明确	20分	
合　计		100分	

任务检测

1. 知识检测

（1）填空题

① 理财原则主要有_____、_____。

② 客户风险承受能力一般可以划分为_____、_____、

_____、_____、_____。

（2）问答题

① 理财目标在人生的各阶段有何不同？

_____

_____

_____

② 分散投资的好处是什么？

_____

_____

_____

2. 牛刀小试

【资料】

李先生年过三十，在一家网络科技公司从事市场营销工作，月收入五六千元。公司提供

一套宿舍，居住条件还算不错。在暂不考虑买房的前提下，李先生将手头的资金瞄向了投资理财。常和金融人士打交道的李先生，对其他理财渠道并不感兴趣，他把全部的闲置资金投资于股票。从操作习惯上看，他更倾向于跟风炒股。

【要求】

（1）结合所学知识对李先生的投资行为进行评价；

（2）以小组为单位完成任务。

【操作记录】

_____

_____

_____

_____

_____

拓展阅读

虽然分散投资会降低投资风险，但是太多的投资对象不仅不会降低风险，反而会增加风险。号称美国"股神"的巴菲特所投资的股票种类也不过十多种。这是因为随着对象的增加，其组合风险会随之下降，但这种效果也会随着投资对象的继续增加而递减。所以持有30种股票和持有20种股票的风险几乎相当。

思考：你知道这是为什么吗？

任务三　把握机智的理财诀窍

"吃不穷，穿不穷，算计不到就受穷"，这句话说明了理财的重要性，理财的根本目的在于让生活更有质量，活得更有品位。不同的家庭，因为收入状况、家庭构成、风险承担等因素不同而理财目标有所不同，但家庭理财就如成功一样，总是存在一定的技巧。

任务导入

客户袁先生，28岁，年收入14万元，妻子在一家事业单位工作，年收入6万元。两人目前还没有孩子，打算最近两年生孩子。目前，夫妻俩租了一套离单位比较近的一居室公寓，租金每月2 000元，他和妻子共有银行存款30万元。他想知道自己是买房还是继续租房？怎样管理自己的资产？

知识准备

一、机智的理财诀窍

1. 适度消费

消费是社会再生产过程中的一个重要环节，也是最终环节。它是指利用社会产品来满足人们各种需要的过程。家庭消费活动是家庭经济活动中最常见、最基本的活动，主要包括以下几方面的内容。

（1）物质生活的消费。例如，柴、米、油、盐、酱、醋、茶等生活必需品的开支。

（2）文化生活的消费。例如，看电影、看话剧、买音像制品、图书等文化用品的开支。

（3）家庭劳务的消费。例如，洗衣机、吸尘器等家用电器购置的开支。

（4）社会交际的消费。例如，家人、朋友之间礼尚往来所需的物品的开支。

（5）抚育子女和赡养老人的消费。例如，养育子女、赡养老人的生活费及保健费等的开支。

这些消费和每个家庭息息相关、不可或缺，如果抑制了消费，就会影响我们的生活质量；如果不控制消费，又会导致盲目消费，寅吃卯粮。

因此，家庭理财时，要考虑消费水平。具体来说，要注意以下几个问题：

（1）量入为出。如今，大多数家庭收入有了较快增长，消费能力得到了很大的提高，但是，无论哪种家庭的消费都应该立足于现实，不要超越家庭的经济条件，不能盲目消费，过于冲动，做到量入为出。

（2）精心计划。有了一定的经济收入以后，应该做好规划和预算。计划要制订得详细，花费要合理，善于精打细算。不仅保证家庭的正常开支，还要保留结余，做好理财规划。凡事预则立，不预则废。

拥有正确的消费观，可以让我们更理性地消费；保持合理的消费结构，可以让我们的生活过得舒适、健康又有意义。在这个前提下进行家庭理财，才会让我们的生活更美好。

小故事中的
理财智慧

"拿铁因子"是由美国著名理财师、畅销书作家大卫·巴赫提出的。她说有一对夫妻每天早上都要去咖啡店喝一杯滴滴香浓、意犹未尽的拿铁咖啡，有一天巴赫就告诉他们："假如你们每天少喝两杯拿铁，30 年能省下 70 万美元！"在复利的作用下，几美金一杯的拿铁就会聚沙成塔，汇聚成 70 万美元的巨款。（案例选自邢力. 力哥说理财[M]. 人民邮电出版社，2016.35）

思考： 这里的"拿铁因子"指的是什么？

2. 养成记账的习惯

有的人说："我是个月光族，每月根本剩不下什么钱。"也有的人说："我不是月光族，每个月负债累累呢！"他们还处于理财的第一阶段：没有什么钱。从没有什么钱，要过渡到

第二个阶段，有一点点小钱，在短时间内收入得不到明显提高的情况下，只有一种方法：节流。也就是要节制消费，延迟满足自己的需要，养成记账的习惯。

记账的目的是了解每月的资金流向，从收入、支出结构入手，看看哪些支出是可以节省的，能结余出多少钱，根据余额调整自己的消费习惯。说到记账，有人可能会有些顾虑，不知道该怎样记，或者觉得太麻烦。其实，互联网时代的记账更加方便了，不用纸和笔，"按住说话"就能轻松搞定。网上有许多记账App可以用，如挖财、随手记、财智快账等记账软件。挖财App的界面如图1-2～图1-4所示。

图1-2　主页

图1-3　记账

图1-4　明细账

记账是学会理财的第一步。通过记账可以更清楚地了解资金的使用情况，避免消费行为中的盲目和混乱，控制不合理的消费，力争有更多的结余。

3．保持合理的资产配置结构

根据投资学的定义，资产配置是指根据投资需求将投资资金在不同资产类别之间进行分配，通常是将资产在低风险、低收益证券与高风险、高收益证券之间进行分配。全球最具有影响力的信用评级机构——标准普尔曾调研全球数十万个资产稳健增长的家庭，分析总结出他们的家庭理财方式，从而得到了标准普尔家庭资产象限图，如图1-5所示。此图所列被认为是比较合理稳健的家庭资产分配方式。

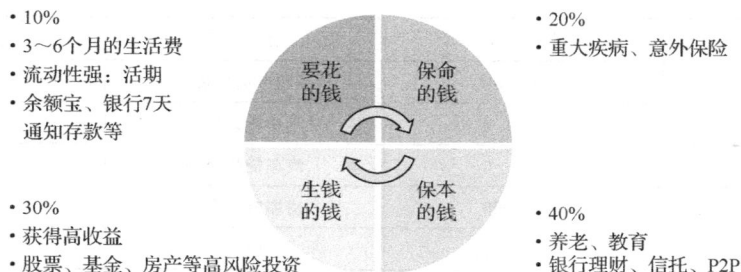

图1-5　资产配置结构示意图

图 1-5 把家庭资产分成 4 个账户，其作用各不相同，所以资金的投资渠道也不同。拥有这 4 个账户，并按照固定合理的比例进行分配，才能保证家庭资产长期、持续、稳健地增长。

第一个账户，要花的钱。

其主要用作家庭日常开支、短期消费，这些资金的留存比例是家庭全部金融资产的 10%。假如家庭有 100 万的资金可用作金融资产投资，那么至少有 10 万元的钱留下来作为生活开支。这部分钱可以放在余额宝、货币基金、银行 7 天通知存款等低风险、高流动性的产品上，这样既能获得一定收益，还能保证需要时能很快取出来。

第二个账户，保命的钱。

其主要用作家庭的保障开支，建议这部分资金的投资比例在 20% 左右，为的是以小博大，专门解决和保障突发性的大额开支。一定要专款专用，保障万一家庭成员出现意外事故、重大疾病时，有足够的钱来保命。

第三个账户，生钱的钱。

其主要用作投资高收益、高风险产品，如股票、基金、房产等，这部分投资的比例控制在 30% 左右。这个账户关键在于合理的占比，赚得起也亏得起，无论盈亏，对家庭都不能有致命性的影响，这样才能在承担高风险的同时享受高收益。

第四个账户，保本的钱。

其主要用作家庭成员的养老、子女的教育等，目的是保障家庭成员的养老金、子女教育金、财富的传承等。这部分资金的投资比例在 40% 左右，主要投资于固定收益类产品，如银行理财、信托、P2P 等。

这 4 个账户就像一张桌子的 4 条腿，少了任何一条，桌子都会变得不稳定，所以一定要尽早及时准备。

二、了解家庭经济状况

理财之前，先要搞清楚自己的经济状况，然后再制定切合实际的理财目标。如何了解家庭经济状况呢？我们要学会看懂家庭资产负债表和收入支出表。下面给出的是张先生和张太太一家的资产、负债、收入、支出等方面的数据。家庭资产负债表如表 1-9 所示，家庭收入支出表如表 1-10 所示。

表 1-9　家庭资产负债表

单位：元

资　产	金　额	负　债	金　额
现金及活期储蓄	1 000 000	信用卡贷款余额	0
定期存款	0	消费贷款余额	0
国债	0	汽车贷款余额	0
股票	300 000	房屋贷款余额	0
债券基金	0	其他负债	0
黄金	0		
自住房	1 000 000		

续表

资　产	金　额	负　债	金　额
汽车及家电	200 000		
其他资产			
资产总计	2 500 000	负债总计	0
净资产（资产–负债）	2 500 000		

表 1-10　家庭收入支出表

单位：元

收　入	金　额	支　出	金　额
先生收入	350 000	房屋支出	0
太太收入	60 000	教育支出	15 000
股票收入	30 000	孝养支出	30 000
其他收入	0	生活支出	180 000
		其他支出	0
收入合计	440 000	支出合计	225 000
年结余	215 000		

　　对于大多数人来说，报表不能直观地呈现出我们所需要的信息，让我们借助于几个简单的财务指标来分析一下张先生的家庭财务状况吧！

　　（1）净资产：通常用总资产减去总负债后的净值来表示家庭的财力。如果剔除通货膨胀因素，净值在不断地增长，才有可能实现未来的各项理财目标。该家庭的净资产为 2 500 000 元。

　　（2）负债收入比率：用负债总额除以收入总额，反映的是在一定时期财务状况的良好程度，理想的百分比应在 40% 以下。因为该家庭的负债为 0，所以该家庭的负债收入比率也为 0，说明该家庭短期偿债能力很强。

　　（3）家庭资产稳固率：用家庭资产减去负债后的净值，除以家庭资产，最好控制在 20%～50% 之间。该家庭资产稳固率达到了 100%。

　　（4）结余比率：用年结余额除以年总收入，反映的是提高净资产水平的能力，该指标参考值为 30%。通过计算可知，该家庭的结余比率约为 48.8%，实际比率与理想值相比偏高，反映出这个家庭有一定的储蓄意识和节约意识，能够主动积累财富，也有一定的提升净资产能力。

　　（5）流动性比率：用流动资产除以年总支出，反映的是客户支出能力的强弱。该家庭的流动性比率为 53，意味着如果该家庭在失去每月现金收入的情况下，在不动用其他财产时，通过使用流动性资产变现，可以支撑近 53 个月，也就是 4 年零 5 个月的时间。这表明该家庭抗风险能力和应付财务危机的能力很强。

　　（6）投资与净资产比率：用投资性资产总额除以净资产，反映的是通过投资提高净资产规模的能力，参考值为 50%。通过计算可知，该家庭的投资与净资产比率约为 12%，实际比率过低，说明该家庭投资意识较为薄弱，未能充分利用资金去进行有效增值，资产在保值及

升值方面缺乏较为合理的安排。

经过几个财务指标的计算，我们已经对张先生一家的财务状况有了基本的了解。接下来，张先生又向投资理财专员提出了问题：怎样实现 5 年内换套房（约 200 万元资金），今年准备换辆车（约 50 万元资金）的目标呢？

举例：张先生的家庭理财规划

总体分析张先生家庭的各项财务指标，发现该家庭的财务状况安全性较高，债务负担为零，但是资产结构与资产流动性均缺乏一定的规划，家庭成员缺乏健全的风险保障。在以后的规划中应优化资产结构，提高资产的综合收益率及每月净结余水平，通过增加金融投资类资产来提升资产有效增值的空间，取得更高的收益。

通过以上的分析与评价，为该家庭设立以下几个方面的理财目标。

① 有效提高资产整体收益率；

② 保证家庭资产的适度流动；

③ 完善、保障家庭保险规划。

角色扮演

亲爱的同学们，我们可以为客户提供理财规划建议了！

【实训目标】

解答客户咨询的问题。

【实训要求】

1．运用所学知识为客户解答有关理财规划的问题；

2．按照职业标准着装，热情接待客户；

3．组建小组，每 2 人一组。

【实训内容】

1．客户李小姐 28 岁，在一家服装公司做财务工作，月薪 8 000 元。她习惯每个月透支消费，现在积蓄仅为 6 万元，自己租房住。她想给自己在婚前购买一套 80 平方米的房子，但是不知道能否实现。请你为她提出理财建议。

2. 任务完成后填写评价表 1-11。

【实训过程】

讲解：_____

_____

_____

建议：_____

_____

_____

【实训评价】

根据评价要素，将个人的评分及说明写在表 1-11 中。

表 1-11 评价表

评价项目	评价要素	分值	评分及文字评价
语言表达	使用专业术语准确	15 分	
	解答条理清晰	15 分	
	语言亲切、自然	5 分	
	口齿清楚、表达流利	5 分	
解决问题	计算公式正确	20 分	
	计算结果正确	20 分	
	结论明确	20 分	
合　计		100 分	

任务检测

1. 知识检测

（1）填空题

① 合理的资产配置结构是指 10%用于_____、20%用于_____、30%用于_____、40%用于_____。

② 做到适度消费的关键是_____和_____。

（2）问答题

① 通过哪些指标来了解个人或家庭的财务状况呢？

_____

_____

_____

② 保持合理的资产配置结构有何意义?

_____

_____

_____

2. 牛刀小试

【资料】

客户刘先生,今年 26 岁,在一家国企工作,月收入 5 000 元,单位购买五险一金,而且单位还提供吃住。在消费方面,他每年花费总计约为 1.8 万元,其中包括通信费 1 000 元、孝敬长辈 6 000 元、衣物花费 6 000 元、其他的一些支出为 5 000 元。他打算在年底时购买一套 110 平方米左右的房子,然后和女朋友在 30 岁左右结婚,而且最好能在婚前购买一辆汽车。

【要求】

(1)利用所学的资产配置结构,为客户做出合理的理财规划;

(2)以小组为单位完成任务。

【操作记录】

_____

_____

_____

_____

_____

_____

拓展阅读

5W1H 是理性消费的六大因素。

What(买什么):在消费前,首先要了解自己需要购买的东西是什么,有哪些具体的品种可以选择。

Why(为什么):做任何一件事,总得有个支撑的理由。消费也一样,在购买前,一定要想好,购买的东西对于家庭的需要性,并且该种需要是否正常、迫切、合理等。

　　When（什么时候买）：分清东西购买的时间顺序，哪些东西及时买，哪些东西看准时机再买，哪些东西晚点儿再买。

　　Who（谁去买）：从购买主体出发，家里谁最了解该产品、谁最空闲、谁最方便，就由谁去购买。

　　Where（去哪儿买）：对于同一种商品，不同的地区有不同的价格及不同的质量，在购买前需要考虑去哪儿买，一般要货比三家。

　　How（怎样买）：当选好产品之后，消费者就要考虑采取哪种方式支付账单，选择借钱、储蓄还是分期付款。

项目二
收放自如找银行

项目目标

❖ 熟知传统的银行储蓄存款类型；

❖ 了解新型银行理财产品；

❖ 掌握银行理财的技巧；

❖ 学会与客人有效沟通；

❖ 初步树立咨询服务的职业意识。

任务一 巧用传统银行储蓄存款

有钱就存在银行是老百姓最原始的理财方式，即使在理财形式多样的今天，银行储蓄仍然是最大众、最保险的理财方式。或许储蓄未必能使我们成为富翁，但不储蓄一定成不了富翁。储蓄是城乡居民将暂时不用或结余的货币收入存入银行或其他金融机构的一种存款活动。

任务导入

客户刘先生和老伴将前半生拥有的积蓄都存在了银行，10 年期存款 50 万元已经到期，刘先生拿不定主意了，要是选择长期储蓄，如果他和老伴生病需要钱，中途取出的话，就将损失一部分利息收益。而且，刘先生的儿子今年打算出国留学，还需要一笔生活费。他该怎样安排这笔存款呢？

知识准备

一、传统银行储蓄存款类型

1. 人民币储蓄存款

1）活期存款

（2017 年中国银行挂牌的储蓄存款利率）

活期存款是一种不限存期，凭银行卡或存折及预留密码可在银行营业时间内通过柜台或银行自助设备随时存取现金的服务。人民币活期存款起存金额为 1 元，外币活期存款起存金额为不低于人民币 20 元的等值外汇。

个人活期存款采用积数计息法按照实际天数计算利息，按季结息，按结息日挂牌活期利率计息，每季度末月的 20 日为结息日。未到结息日清户时，按清户日挂牌公告的活期存款利率计息到清户前一日止。

2）整存整取定期存款

整存整取定期存款是指在存款时约定存期，一次存入本金，到期一次支取本息的服务。人民币整存整取定期存款起存金额为 50 元，多存不限，其存期分为三个月、半年、一年、二年、三年、五年。外币定期存款起存金额为不低于人民币 50 元的等值外汇，存期分为一个月、三个月、半年、一年和二年。

整存整取定期存款利率高于活期存款，是一种传统理财工具，存期越长，利率越高，利随本清，遇利率调整不分段计息，按存入日挂牌公告的相应期限档次利率计息。

3）零存整取定期存款

零存整取定期存款是指客户按月定额存入，到期一次支取本息的服务。5 元起存，多存不限。存期分为一年、三年、五年。存款金额由客户自定，每月存入一次。

采用积数计息法计算利息，遇利率调整不分段计息，利随本清，按存入日挂牌公告的相

应期限档次利率利息。

4）整存零取定期存款

整存零取定期存款是指在存款时约定存期及支取方式，一次存入本金，分次支取本金和利息的服务。1 000 元起存，存期分为一年、三年、五年，按存入日挂牌公告的相应期限档次利率计息，遇利率调整不分段计息，利随本清。

5）存本取息定期存款

存本取息定期存款是指存款本金一次存入，约定存款及取息期，存款到期一次性支取本金，分期支取利息的业务。5 000 元起存，存期分为一年、三年、五年。人民币存本取息定期存款采用逐笔计息法计算利息，执行存入日挂牌公告的相应期限档次利率，遇利率调整不分段计息。

6）定活两便存款

定活两便存款是指存款时不确定存期，一次存入本金随时可以支取的业务。50 元起存。

7）通知存款

通知存款是指存入款项时不约定存期，但约定支取存款的通知期限，支取时按约定期限提前通知银行约定支取存款的日期和金额，凭存款凭证支取本金和利息的服务。

通知存款按提前通知的期限，分为一天通知和七天通知两个品种。外币通知存款提前通知的期限为七天。人民币通知存款的最低存款金额为 5 万元（含），外币通知存款的最低存款金额各地区略有不同，约为等值人民币 5 万元（含）。本金一次存入，可一次或分次支取。按支取日挂牌公告的相应利率水平和实际存期计息，利随本清。

8）教育储蓄存款

教育储蓄存款是指为接受非义务教育积蓄资金，实行优惠利率，分次存入，到期一次支取本息的服务。

存期分为一年、三年、六年。教育储蓄存款起存金额为 50 元，每户本金最高限额为 2 万元，开户对象为在校小学四年级（含四年级）以上学生，适合为子女积累学费，培养理财习惯。

我国商业银行存款利率是以中国人民银行发布的存款基准利率为基础，自主选择浮动幅度和比例，自主定价。

2．外币储蓄存款

外币储蓄和人民币储蓄一样，都是将手中持有的暂时闲置的资金存于银行，储蓄的对象是各种外币。

（2017 年中国银行挂牌的外币存款利率）

1）现钞存款

现钞存款是指我国居民将自己手里持有的外币存于商业银行。

2）现汇存款

现汇存款是指投资者通过工资、薪金或商品交易将外汇现金或票据转存于商业银行。

外币储蓄跟国内的银行储蓄类似，也有利息，只不过利息在不同的币种间、不同的银行间会有不同。像美元，国内银行的美元活期存款利率不同，但差异不大，大多是在 0.05%利率水平左右，个别银行有 0.1%的利率水平。而短期的美元"定期存款"，如一、三、六个月的美元存款利息，大多是 0.2%、0.3%、0.6%左右的水平。而美元之外的其他外币币种，各大银行的储蓄利息的差别则相对要大一些。进行外币储蓄时，不妨"货比三家"选择合适的存储机构。

二、提高储蓄存款利息的技巧

1. 阶梯存钱法

阶梯存钱法就是将一大笔钱分成若干份，分别存在不同的账户里，或者同一账户里设定不同存期的储蓄方法。存款期限最好是逐年递增的，这种方法既可获取高额利息，又不影响资金的灵活使用。这种方法适用于有一笔固定的大额资金的人。

举例：阶梯存钱法

袁先生工作单位年底发放了一笔五万元左右的年终奖，他没有把这五万元一次性存在一张存单里，而是将其平分成五等份，每份的一万元分别按照一年、两年、三年、四年、五年存了五张定期存单。一年过后，他把到期的一年定期存单续存并改为五年定期，第二年过后，再把两年定期存单续存并改为五年期，以此类推。五年后，五张存单又再度变成五年期的定期存单，同时每年都会有一张存单到期，以便应对突发情况。

2. 接力储蓄法（十二存单分储法）

这是指一年 12 个月，每月存入一定金额（每月所存金额可以不同，50 元起存），储种都选择一年期整存整取定期存款。一年以后，每个月都有一张存单到期，与一般零存整取相比，起存点相同、时间相同，收益却相差很多。这种储蓄方法的优点是每月都有存单到期，相对来说用款就较灵活，既享用了整存整取的较高利息，又获得了类似于个人通知存款和定活两便储蓄取用灵活的便利。

举例：接力储蓄法存款利息的计算

假如每个月 1 日存一年期定期存款 2 500 元，这样一年过后，就有 12 笔一年期的定期存款。第二年起，每月 1 日都会有一笔定期存款到期。计算五年的利息。假设一年期定期存款年利率为 3%。

第一年：每年存入的本金：2 500×12=30 000（元）　每笔存款年利息=2 500×3%=75（元）
第二年：（上年每月本息为2 575+每月2 500）×12=60 900（元）
　　　　每笔存款年利息=（2 575+2 500）×3%=152.25（元）≈152（元）
第三年：（上年每月本息为5 227+每月2 500）×12=92 724（元）
　　　　每笔存款年利息=（5 227+2 500）×3%=231.81（元）≈232（元）
第四年：（上年每月本息为7 959+每月2 500）×12=125 508（元）
　　　　每笔存款年利息=（7 959+2 500）×3%=313.77（元）≈314（元）
第五年：（上年每月本息为10 773+每月2 500）×12=159 276（元）
　　　　每笔存款年利息=（10 773+2 500）×3%=398.19（元）≈399（元）

3．巧用通知存款

这种方法适合手头有大笔资金准备用于近期（3 个月以内）开支的人。它既有活期存款的便利，又有 7 天通知存款的利息收益。

以 10 万元为例，7 天通知存款利率是活期利率的 3.67 倍，7 天同期利息高出活期利息 15.56 元。如果临时用钱，没有存够 7 天，那么还可以享受 1 天通知存款的收益（0.55%），是活期存款的 1.83 倍。同时，只要开户时约定自动转存，凡是存入 7 天（含）以上的存款，都进行自动转存，按照 7 天通知存款利率结计利息。

4．巧妙选定外币储蓄存期

外币储蓄利率一般都会受到国际金融市场的影响，稳定性非常差，利率变动也比较频繁。在进行外币储蓄时，要根据自己的经验，判断当时国内外金融形势及利率水平的高低，采用"短平快、追涨杀跌、少兑少换"的方法选择外币储蓄的期限。

"短平快"是说外币存储期限不要太长，一般不要超过 1 年，以 3～6 个月的存期比较合适，一旦利率上调或下调，就可以到期转存、续存。

"追涨杀跌"就是当外币存入不久遇到利率上升时，应立即办理转存。即使已存时间利息按活期利率计算有损失，但是以后获得的利息收入足可以高于损失。相反，在存期内遇利率下调并超过了预先设定的心理止损价位，而且其汇率也出现了震荡趋降的走势时，便要果断提前支取，并将其兑换成其他硬货币存储，以避免造成更大的利息损失。

"少兑少换"是因为兑换要收取一定的费用，并且银行在兑换时是按照"现钞买入价"收进，而不是按"外汇卖出价"兑换，前价要低于后价许多，储户将有一定的损失。而且目前人民币资本账户还不能自由兑换，一旦将外币换成人民币，以后再想换回外币是比较困难的。

5．减少各种账户管理费用

储户把钱存在银行账户里按期收取利息之外，也会出现从账户中扣款的情况。作为储户，必须要清楚有哪些扣款。银行代为管理账户，收取一定的管理费，本来在可接受的范围内，可是近年来银行的收费项目从 2003 年的 300 多种，发展到如今的 3 000 多种。名目众多，有小额账户管理费、短信提醒费、信用卡透支全额

（各银行账户管理收费标准）

罚息、ATM 跨行手续费、网银跨行转账费、存折挂失费、重置密码费、柜台打印对账单费等。

以小额账户管理费为例来看，假定某储户 2014 年年初在中国工商银行开通一个活期存款账户，存了 100 元。按照中国工商银行规定，向日均余额低于 300 元的小额账户，在每年的 3 月、6 月、9 月、12 月的 21 日分别收取小额账户管理费，每季 3 元。到 2017 年年底，一共收取该储户 48 元账户管理费，账户余额仅余 52 元，每年的损失率为 10%，比银行 5 年期的定期利率还高。

国家发改委、中国银监会联合发布《关于取消和暂停商业银行部分基础金融服务收费的通知》，自 2017 年 8 月 1 日起，开始取消、暂停商业银行部分基础金融服务收费。各商业银行应根据客户申请，对其指定的一个本行账户（不含信用卡、贵宾账户）免收年费和账户管理费。客户携带本人身份证、银行卡到银行柜台指定免费账户，这样每年可节省几十元。但是，工资卡、社保卡等账户本身为免费账户，无须指定为免费账户。

小故事中的
理财智慧

从前有一个农夫，很穷，有一天他突然在自己的谷仓里发现了一个金蛋，他的第一个想法是，"这不是跟我开玩笑吧？"但是为了保险起见，他把这个金蛋拿到金匠那里做了鉴定，结果证明这个金蛋百分之百是金子。

农夫非常高兴，立刻把金蛋卖给了金匠，拿着大把的钱跑回家，当天晚上他热闹地庆祝了一番。第二天天刚蒙蒙亮，农夫全家都起床跑到谷仓里看看鹅是不是又下了一个金蛋。果真，鹅窝里躺着一个金灿灿的蛋。从那以后，农夫每天早晨都可以捡到一个金蛋。他卖掉金蛋，换成钱，一段时间下来，他变得很富有。

但是农夫很贪婪，他开始问自己，为什么鹅每天只能下一个金蛋呢？他急切地想知道鹅是如何下金蛋的。

他变得越来越急躁，一天，他冲进了谷仓，用一把柴刀将鹅剁成两半，他找到的全部东西不过是一个被砍成两半正在成形的蛋。（案例选自三公子. 工作前 5 年，决定你一生的财富[M]. 中国铁道出版社，2015.9）

思考：你知道生活中的鹅是什么，金蛋又是什么吗？

角色扮演

亲爱的同学们，我们可以为客户提供银行理财咨询服务了！

【实训目标】

解答客户咨询的问题。

【实训要求】

1. 运用所学知识为客户解答有关银行理财的问题。

2. 按照职业标准着装，热情接待客户。

3. 组建小组，每 2 人一组。

【实训内容】

1. 客户张先生到银行办理存款，该银行规定 1 000 元以上部分可以办理自动转存为一年期定期存款。如果张先生存入 11 000 元，一年后他将得到多少利息？活期存款利率按 0.36%，一年期定期存款利率按 2.52% 计算，请你帮客户测算一下。

2. 任务完成后填写评价表 2-1。

【实训过程】

讲解：_____

_____

_____

计算：_____

_____

_____

【实训评价】

根据评价要素，将个人的评分及说明填写在表 2-1 中。

表 2-1　评价表

评 价 项 目	评 价 要 素	分值	评分及文字评价
语言表达	使用专业术语准确	15 分	
	解答条理清晰	15 分	
	语言亲切、自然	5 分	
	口齿清楚、表达流利	5 分	
解决问题	计算公式正确	20 分	
	计算结果正确	20 分	
	结论明确	20 分	
合　　计		100 分	

任务检测

1. 知识检测

（1）填空题

① 人民币储蓄存款包括活期储蓄、_____、_____、_____、

_____、_____、_____、_____。

② 提高储蓄存款利息的技巧有_____、_____、_____、

_____。

（2）问答题

① 用什么方法选择外币储蓄的期限？

_____

_____

_____

② 接力储蓄方法的优点是什么？

_____

_____

_____

2. 牛刀小试

【资料】

客户王先生有一张 5 万元的一年期定期存单，2016 年 12 月 10 日存入银行。半年后他急需 1 万元，该怎么处理这张定期存单呢？

【要求】

（1）利用所学的储蓄存款的知识，为客户做出合理的理财规划；

（2）以小组为单位完成任务。

【操作记录】

_____

_____

_____

拓展阅读

储户注意：银行年末变相加息 小心掉入高息陷阱

融360理财分析师总结出银行"变相加息"的三种方法。

一、送礼品

给储户的利息不变，但是会额外赠送礼品，如送米、面、油、床单被罩、劳保用品等，虽然储户到手的利息没有增加，但是却拿到了额外的好处，这种方式的存款比较安全，毕竟是通过正规途径去存款的。

二、贴息存款

银行承诺在原有的挂牌利率的基础上，再额外给储户补贴一部分利息，而且一般补贴的利息会提前打到储户的账户中。这种存款方式有较大风险，因为很多情况下这些资金牵扯到银行的过桥贷业务，钱并没有进入储户自己的账户中，之前很多存款失踪的案例就是贴息存款导致的，而且这种贴息行为在2014年就被银监会制止。

三、提高结构性存款利息

所谓的结构性存款实际上并不是真正的存款，而是银行理财产品，这类产品挂钩股指、黄金、外汇等衍生品，收益是浮动的，你有可能拿到较高的收益，也有可能拿到很低的收益，风险还是高于普通定期存款的。

融360理财分析师提醒大家在各大银行薅羊毛的时候，不要贪小失大，保住本金安全远比博取高息要重要。

思考：你知道银行年末为何要变相加息吗？

任务二 甄选新型银行理财产品

银行理财产品是商业银行在对潜在目标客户群分析研究的基础上，针对特定目标客户群开发设计并销售的资金投资和管理计划。在理财产品这种投资方式中，银行只是接受客户的授权管理资金，投资收益与风险由客户或客户与银行按照约定方式双方承担。在银行理财产品的市场上，各家银行都十分注重对自己产品品牌的宣传，如工商银行的"稳得利"、光大银行的"阳光理财"、民生银行的"非凡理财"、招商银行的"招银进宝"等，在市场上都有一定的品牌知名度。

任务导入

客户吴先生在年末收回了一笔工程款50万元，暂时闲置不用，他打算放在银行，但是

朋友告诉他活期利息太低，不划算，可以选择银行理财产品，于是他找到了投资理财专员莉莉进行咨询。

知识准备

一、新型银行理财产品

1. 按照收益大小分类

理财产品按照收益大小可以划分为保证收益理财产品和非保证收益理财产品。

保证收益理财产品是指商业银行按照约定条件向客户承诺支付固定收益，银行承担由此产生的投资风险，或者银行按照约定条件向客户承诺支付最低收益并承担相关风险，其他投资收益由银行和客户按照合同约定分配，并共同承担相关投资风险的理财产品。

非保证收益理财产品又可以分为保本浮动收益理财产品和非保本浮动收益理财产品。

（1）保本浮动收益理财产品是指商业银行按照约定条件向客户保证本金支付，本金以外的投资风险由客户承担，并依据实际投资收益情况确定客户实际收益的理财产品。

（2）非保本浮动收益理财产品是指商业银行根据约定条件和实际投资收益情况向客户支付收益，并不保证客户本金安全的理财产品。

三种理财产品的区别如表 2-2 所示。

表 2-2　三种理财产品的区别

种　类	投 资 方 向	收 益 性	风 险 性
保证收益理财产品	国债	收益固定且较低	低
保本浮动收益型理财产品	普通存款和金融衍生品	保证本金安全、实际收益不确定	中
非保本浮动收益型理财产品	期货和股票	不保证本金安全、实际收益不确定	高

2. 按照投资方向分类

理财产品按照投资方向可以划分为债券型、信托型、挂钩型及新股申购型。

债券型理财产品投资于货币市场中，投资的产品一般为央行票据与企业短期融资券。因为央行票据与企业短期融资券个人无法直接投资，这类人民币理财产品实际上为客户提供了分享货币市场投资收益的机会。

信托型理财产品投资于由商业银行或其他信用等级较高的金融机构担保或回购的信托产品，也有投资于商业银行优良信贷资产受益权的信托产品。

挂钩型理财产品的最终收益率与相关市场或产品的表现挂钩，如与汇率挂钩、与利率挂钩、与国际黄金价格挂钩、与国际原油价格挂钩、与道·琼斯指数挂钩及与港股挂钩等。

新股申购型理财产品投资于新股，直接和新股申购获利有关。

四种理财产品的区别如表 2-3 所示。

表 2-3　四种理财产品的区别

种　　类	投 资 对 象	收 益 性	风 险 性
债券型理财产品	央行票据与企业短期融资券	较低	较低
信托型理财产品	信托产品	较高	较高
挂钩型理财产品	汇率、利率、黄金、原油、指数	中	中
新股申购型理财产品	新股	低	低

3．按照动作模式分类

理财产品按照运作模式可以划分为封闭式净值型、封闭式非净值型、开放式净值型和开放式非净值型。

封闭式净值型理财产品是指产品的资金规模被限定，从产品的起始日期到终止日期不再接受新的投资也不能赎回，按照份额发行并定期或不定期地披露单位份额净值的理财产品。例如，产品初始净值为 1 元/份，持有一段时间后，净值增长为 1.04 元/份。

封闭式非净值型理财产品是指产品的资金规模被限定，从产品的起始日期到终止日期不再接受新的投资也不能赎回，且在产品终止时一般按照一定收益率兑付的理财产品。例如，产品预期年化收益率为 4%。

开放式净值型理财产品是指产品的资金规模不固定，从产品的起始日期到终止日期可以在理财协议约定的时间和场所申购、赎回，按照份额发行并定期或不定期地披露单位份额净值的理财产品。例如，产品初始净值为 1 元/份，持有一段时间后，净值增长为 1.03 元/份。

开放式非净值型理财产品是指产品的资金规模不固定，从产品的起始日期到终止日期一般可以按照产品份额申购、按照约定收益率兑付的理财产品。例如，产品预期年化收益率为 3.8%。

2017 年银行理财产品收益率呈现逐步上升的态势，如图 2-1 所示。

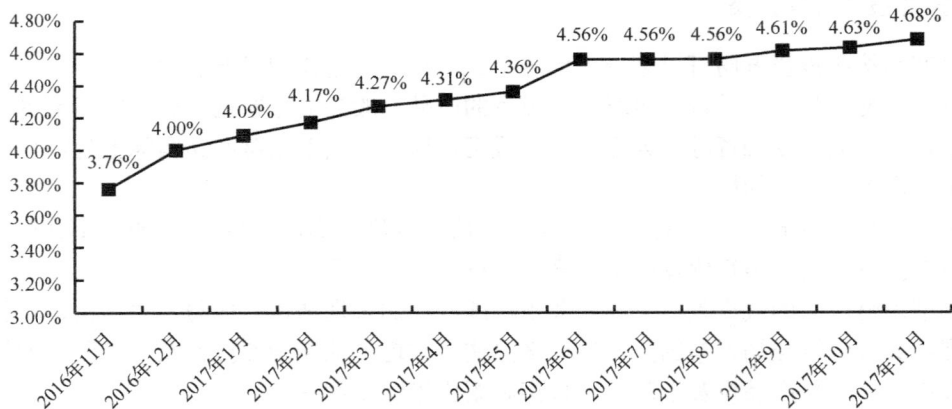

图 2-1　2017 年银行理财产品收益率走势

二、银行理财产品的购买技巧

1. 注意银行理财产品的募集期和清算期

银行理财产品从发售到发售结束的这段时间为募集期，一般 3～5 天，但也有长达 7～10 天的，募集期内的理财产品是按照活期利息计算的，所以要尽量缩短募集期的时间，也就是买理财产品，要买时间相对长一些的，这样才能避免同一笔资金闲置的状态，能让这笔资金少遇到到账日和募集期之间的"空档期"。例如，买两期 3 个月的理财产品比买一期 6 个月的同样收益的理财产品，空档期长了一个募集期，也就是有 7～14 天的空档期，几乎没利息拿的。

举例：银行理财产品实际收益率的计算

张先生购买了某银行的理财产品 10 000 元，期限为 34 天，预期收益率为 6.4%，并且在该银行理财产品的合约中约定，募集期为 7 天，出售日期为 3 月 19 日～3 月 25 日，投资收益的计算期间为 3 月 26 日～4 月 29 日。后来产品到期后，张先生发现从银行收回的投资收益未达到约定的 6.4%，这是为什么呢？

张先生购买的期限为 34 天的理财产品实际上占用理财资金的天数为 46 天，其中包括募集期 7 天的活期利息和 5 天（2 天清算期和 3 天五一假日）的没有任何利息的清算期。

34 天的利息=10 000×34×6.4%÷365=59.62（元）

7 天的利息=10 000×7×0.3%÷365=0.58（元）

实际的年化收益率=（59.62+0.58）÷46×365÷10 000=4.78%

2. 购买理财产品"四步走"缺一不可

根据银监会规定，银行理财产品必须在银行营业厅内指定的理财销售专区，由具备理财销售资格的理财销售人员向客户进行推荐，并进行同步录音录像。按照监管要求，在银行购买理财产品（含代销产品）全程必须在监控录像下进行，录音录像资料要求保存至少两年以上。

（如何辨别银行理财产品的真伪）

第一步：购买前理财销售人员应先介绍所销售的理财产品的安全性、流动性、收益性及市场发展情况等，向客户进行充分、清晰、准确的风险揭示，并保证服务专业性和客户利益维护，避免做出不当解释或误导客户。

第二步：购买前理财销售人员还应了解客户风险承受能力评估情况、投资期限和流动性要求，根据其评估结果，向客户推荐相应的产品。提醒客户阅读销售文件，特别是风险揭示书和客户权益须知。

第三步：购买中，银行柜面人员确认客户抄录了风险确认语句，确认为客户本人持合法证件办理，本人亲自填写各项申请书，申请书中的客户资料填写完整并签字确认。

第四步：购买后，销售人员须向客户告知银行理财产品信息披露的渠道和方式，同时提醒客户投诉和业务咨询渠道。

小故事中的 理财智慧

2013 年，于女士在银行花 800 万元签约购买一个只针对 VIP 客户的高利息理财产品，一开始，确实有利息打到账户上，但 2014 年后再也没收到过利息，今年产品到期后，连 800 万元本金都没拿回来，且这个产品根本不属于银行发行的，无人担责，于女士后悔不已："只知道外面买银行理财产品不靠谱，但不知道原来在银行买的理财产品也会让我血本无归。"

这就是典型的"飞单"情况，普遍观点认为只要是银行卖的理财产品都是银行自己发行的，但银行除了销售自己的产品，还会帮第三方机构代销产品，业内通常称之为"飞单"。而理财经理为了赚取高额的佣金提成，会以高收益为由向客户推介这类产品。但这些产品的靠谱性需要考量，需要多加甄别，因为第三方机构如果出现问题，投资者很可能血本无归。

思考：投资者应该如何避免投资损失呢？

角色扮演

亲爱的同学们，我们可以为客户提供理财咨询服务了！

【实训目标】
解答客户咨询的问题。

【实训要求】
1. 运用所学知识为客户解答有关理财的问题；
2. 按照职业标准着装，热情接待客户；
3. 组建小组，每 2 人一组。

【实训内容】
1. 刘先生 32 岁，从事建筑设计 10 年，年薪 30 万元，并且在上海成了家，买了房和车，有 3 岁大的小孩。刘先生买房付完首付后，家庭可支配资金 70 万元，每月的开支大概是 8 000 元。刘先生对于理财投资的想法是预期每年赚 5%～10%，最好是每年赚 10% 以上。请你为他甄选一家银行的理财产品，实现他的愿望。
2. 任务完成后填写评价表 2-4。

【实训过程】
讲解：

_____

_____

计算：_____

_____

【实训评价】

根据评价要素，将个人的评分及说明填写在表 2-4 中。

表 2-4　评价表

评 价 项 目	评 价 要 素	分值	评分及文字评价
语言表达	使用专业术语准确	15 分	
	解答条理清晰	15 分	
	语言亲切、自然	5 分	
	口齿清楚、表达流利	5 分	
解决问题	理财方案理由充分	20 分	
	能符合客户理财目标	20 分	
	结论明确	20 分	
合　计		100 分	

任务检测

1．知识检测

（1）填空题

① 银行理财产品按照收益大小可以划分为_____和_____。

② 银行理财产品按照运作模式可以划分为_____、_____、

_____和_____。

（2）问答题

① 购买理财产品的"四步走"是什么？

_____

_____

_____

② 购买银行理财产品时，为何要注意募集期和清算期？

_____

2. 牛刀小试

【资料】

客户张先生要购买某银行推出的一款 5 万元起的三个月同享盈增利理财产品，预期年化收益率为 5.7%（按每年 365 天计算）。现以人民币 5 万元购买，三个月（按每月 30 天计算）后得到多少利息？

【要求】

（1）选择正确的计算公式，为客人做讲解；

（2）以小组为单位完成任务。

【操作记录】

_____

_____

_____

_____

_____

拓展阅读

2017 年 11 月 17 日，央行等五部委发布《关于规范金融机构资产管理业务的指导意见（征求意见稿）》（简称《征求意见稿》），要求银行理财打破刚性兑付，向净值化管理转型。业内人士认为，这意味着银行需要把实际的投资收益分配给投资者，收益率有可能会比以前更高。

作为大资管的主力军，银行理财备受关注。由于其此前大量隐含保本承诺，如果按《征求意见稿》执行，则面临不小冲击。按照最新发布的《征求意见稿》规定，金融机构对资产管理产品应当实行净值化管理。

至于原因，央行相关负责人表示，从根本上打破刚性兑付，需要让投资者在明晰风险、尽享收益的基础上自担风险，而明晰风险的一个重要基础就是产品的净值化管理。为了能够刚性兑付，银行此前让理财产品滚动发行及不同产品之间的交易是较为常见的方法。这种情况下，由于无法识别单独理财产品的风险与收益，一些银行只能按照预先告知客户的预期收益率来兑付，因此刚性兑付现象更加突出，存在银行用自身信用和自营资金隐性担保的问题。

那么，在《征求意见稿》打破刚性兑付的背景下，银行理财产品的投资者在承担更高风险的同时，无疑也将享受更高的收益。

　　普益标准的最新研报则显示，11 月 24 日—12 月 1 日这一周，银行净值型产品期间收益率最高的产品为建设银行发行的 "‘亚洲创富精选’ QDII 产品"，期间收益率高达 65.19%；与此同时中国银行、渤海银行、光大银行和工商银行也分别有 1～3 只净值型产品的期间收益率超过 30%。

　　在不久的将来，投资者购买理财产品不再享受保本保收益的同时，则可能获得更高额的回报。

　　思考：你知道这其中的奥秘是什么吗？

项目三
稳健投资说基金

项目目标

- ❖ 熟知基金的基本知识、种类；
- ❖ 掌握开放式基金申购、赎回的计算方法和组合选择基金的方法；
- ❖ 学会与客人进行产品的推介；
- ❖ 逐步树立咨询服务的职业意识。

任务一 揭秘基金

现在越来越多的人利用闲置资金进行投资理财以获取更高的收益，基金相对于个人进行高风险的证券投资，具有分散风险的作用，是作为中长期投资的一种投资配置组合。当看到身边的许多人购买基金获利时，你一定在心动。那么基金是什么？如何选择适合自己的基金来投资，在市场中获取稳健的收益呢？

任务导入

客户刘女士想获取更高的资金收益，欲将 30 000 元购买基金进行投资，但对证券投资方面了解不多，前来进行业务咨询，请你为客户进行一个详细介绍，让客户了解基金的基本知识，对基金有一个理性的认识。

知识准备

一、常用基金知识

1. 基金的定义

基金有广义和狭义之分，从广义上说，基金是指为了某种目的而设立的具有一定数量的资金。例如，信托投资基金、公积金、保险基金、退休基金、各种基金会的基金。

这里所说的基金特指证券投资基金，是指通过公开发售基金份额募集资金，由基金托管人托管，由基金管理人管理和运作资金，为基金份额持有人的利益，以资产组合方式进行证券投资的一种利益共享、风险共担的集合投资方式。

2. 基金的种类

证券投资基金按不同标准可分为以下不同种类。

1）按基金运作方式分类

（1）封闭式基金。封闭式基金是指基金的发起人在设立基金时，限定了基金单位的发行总额，筹集到这个总额后，基金即宣告成立，并进行封闭，在一定时期内不再接受新的申购和赎回。

（2）开放式基金。开放式基金是指基金管理公司在设立基金时，基金单位或股份总规模不固定，投资者可通过银行、券商、基金公司随时进行申购和赎回。

封闭式基金与开放式基金的区别如表 3-1 所示。

表 3-1 封闭式基金与开放式基金的区别

类　　别	封闭式基金	开放式基金
含义	经核准的基金份额总额在基金合同期限内固定不变，基金份额可以在依法设立的证券交易场所交易，但基金份额持有人在存续期内不得申购和赎回	基金份额总额不固定，基金份额可以在基金合同约定的时间和场所申购或赎回
规模存续期限	基金规模不变，有明确的存续期限	基金规模根据市场供求情况增减变化，无明确的存续期限
交易关系	交易在基金投资者之间完成	认购、申购和赎回始终在基金投资者和基金管理者之间运行
交易价格	由市场供求关系确定，可溢价或折价	基金买卖价格按基金单位的资产净值计算
交易费用	在基金价格以外要付出一定比例的证券交易税和手续费	投资者需交纳的相关认购费和赎回费包含在基金价格中
交易场所	发起设立时在基金管理公司或销售机构认购，上市交易时委托券商在证券交易所按市价买卖	认购、申购和赎回均在银行、证券公司、基金管理公司等销售机构
投资策略	募集到的资金可全部用于投资，基金管理公司对此通常制定长期的投资策略	为应付投资人随时赎回需要，必须保留一部分现金，一般投资于变现能力较强的资产
净值公布	每周或月，或开放日公布一次基金净值	每个交易日公布上一日净值

2）按投资风险与收益分类

（1）成长型基金。成长型基金是基金中最常见的一种，它追求的是基金资产的长期增值。为了达到这一目标，基金管理人通常将基金资产投资于信誉度较高、有长期成长前景或长期盈余的所谓成长公司的股票。成长型基金又可分为稳健成长型基金和积极成长型基金。

（2）收入型基金。收入型基金主要投资于可带来现金收入的有价证券，以获取当期的最大收入为目的。收入型基金资产成长的潜力较小，损失本金的风险相对也较低，一般可分为固定收入型基金和股票收入型基金。固定收入型基金的主要投资对象是债券和优先股，因而尽管收益率较高，但长期成长的潜力很小，而且当市场利率波动时，基金净值容易受到影响。股票收入型基金的成长潜力比较大，但易受股市波动的影响。

（3）平衡型基金。平衡型基金将资产分别投资于两种不同特性的证券上，并在以取得收入为目的的债券及优先股和以资本增值为目的的普通股之间进行平衡。这种基金一般将25%～50%的资产投资于债券及优先股，其余的投资于普通股。平衡型基金的主要目的是从其投资组合的债券中得到适当的利息收益，与此同时又可以获得普通股的升值收益。投资者既可获得当期收入，又可得到资金的长期增值，通常是把资金分散投资于股票和债券。平衡型基金的特点是风险比较低，缺点是成长的潜力不大。

3）按投资标的分类

（1）债券型基金。债券型基金以债券为主要投资对象，债券比例须在80%以上。

由于债券的年利率固定，因而这类基金的风险较低，适合于稳健型投资者。

通常债券型基金收益会受货币市场利率的影响，当市场利率下调时，其收益就会上升；反之，若市场利率上调，基金收益下降。

（2）股票型基金。股票型基金以股票为主要投资对象，股票比例须在60%以上。

股票型基金的投资目标侧重于追求资本利得和长期资本增值。基金管理人拟定投资组合，将资金投放到一个或几个国家，甚至是全球的股票市场，以达到分散投资、降低风险的目的。

（3）货币型基金。货币型基金是以货币市场工具为投资对象的一种基金。货币型基金通常被认为是无风险或低风险的投资，它在保持低风险与高流动性的基础上，追求稳定的当期收益。

主要投资范围如下：现金；一年以内（含一年）的银行定期存款、大额存单；剩余期限在397天以内（含397天）的债券；期限在一年以内（含一年）的债券回购；期限在一年以内（含一年）的中央银行票据；中国证监会、中国人民银行认可的其他具有良好流动性的货币市场工具。

（4）混合型基金。混合型基金投资于股票、债券、货币市场工具，并且股票、债券投资比例低于60%或80%。

混合型基金设计的目的是让投资者通过选择一款基金品种就能实现投资的多元化，而无须去分别购买风格不同的股票型基金、债券型基金和货币型基金。根据股票、债券投资比例及投资策略的不同，混合型基金又可以分为偏股型基金、偏债型基金、平衡型基金等多种类型。

4）其他分类

基金还有许多类型，如契约型基金、公司型基金、系列基金（伞型基金）、指数基金、对冲基金、ETF（交易型开放式指数基金）、LOF（上市开放式基金）、QDII基金（从事境外证券市场的股票、债券等有价证券业务）、黄金基金、衍生证券基金等。

3. 基金的特点

（1）集合投资。基金是将零散的资金汇集起来，交给专业机构投资于各种金融工具，以谋取资产的增值。基金对投资的最低限额要求不高，投资者可以根据自己的经济能力决定购买数量，有些基金甚至不限制投资额大小，完全按份额计算收益的分配，因此，基金可以最广泛地吸收社会闲散资金，汇成规模巨大的投资资金。在参与证券投资时，资本越雄厚，优势越明显，而且可能享有大额投资在降低成本上的相对优势，从而获得规模效益的好处。

（2）分散风险。以科学的投资组合降低风险、提高收益是基金的另一大特点。在投资活动中，风险和收益总是并存的，因此，"不能将所有的鸡蛋都放在一个篮子里"，这是证券投资的箴言。但是，要实现投资资产的多样化，需要一定的资金实力，对小额投资者而言，由于资金有限，很难做到这一点，而基金则可以帮助中小投资者解决这个困难。基金可以凭借其雄厚的资金，在法律规定的投资范围内进行科学组合，分散投资于多种证券，借助于资金庞大和投资者众多的公有制使每个投资者面临的投资风险变小，另外又利用不同的投资对象之间的互补性，达到分散投资风险的目的。

（3）专业理财。基金实行专家管理制度，这些专业管理人员都经过专门训练，具有丰富的证券投资和其他项目投资经验。他们善于利用基金与金融市场的密切联系，运用先进的技

术手段分析各种信息资料，能对金融市场上各种品种的价格变动趋势做出比较正确的预测，最大限度地避免投资决策的失误，提高投资成功率。对于那些没有时间，或者对市场不太熟悉，没有能力专门研究投资决策的中小投资者来说，投资于基金，实际上就可以获得专家们在市场信息、投资经验、金融知识和操作技术等方面所拥有的优势，从而尽可能地避免盲目投资带来的失败。

4．基金评级

基金评级是依据一定标准对基金产品进行分析从而做出优劣评价。投资人在投资基金时，可以适当参考基金评级结果，但切不可把基金评级作为选择基金的唯一依据。此外，基金评级是对基金管理人过往的业绩表现做出评价，并不代表基金未来长期业绩的表现。例如，"银河美丽 A"基金评级如图 3-1 所示。

基金名称 基金代码 类型 币种 网站折扣	最新净值 净值日期	累计 净值	近1日	近1月	近3月	近6月	近1年	今年 以来	人气值	银河三年 评级
银河美丽A 519664 混合型 人民币 -	2.2320 2017-12-15	2.2320	-1.54%	-2.96%	15.35%	25.04%	45.88%	45.69%	8.62	★★★★

图 3-1 "银河美丽 A"基金评级

二、开放式基金认购、申购及赎回的计算

1．基金开放日

基金开放日就是可以办理开放式基金的开户、申购、赎回、销户、挂失、过户等一系列手续的工作日，也是允许基金申购、赎回、转换、定投的交易日。

基金开放期间的买卖交易只能在基金交易日的交易时间内进行，目前我国是按上海证券交易所、深圳证券交易所正常交易日的交易时间为准，即交易日的 9:30—15:00。

2．基金的认购与申购

开放式基金的认购和申购是购买基金在两个不同阶段的说法。

（建设银行基金购买流程指南）

如果投资者在一只基金募集期中购买基金份额，称为认购，每单位基金份额净值为人民币 1 元。

基金募集期结束并成立后，投资者根据基金销售网点规定的手续购买基金份额则称为申购，此时由于基金净值已经反映了其投资组合的价值，因此每单位基金份额净值不一定为 1 元，可能高于也可能低于 1 元，故同一笔资产认购和申购同一基金所得到的基金份额数将有可能不同。

购买开放式基金的方式如下。

（1）认购：募集期间购买基金，价格一般为 1 元/份。

（2）申购：开放期间购买基金，以当天收盘价为准。

3. 基金申购份额的计算

基金的申购遵循"金额申购"的原则进行，以金额为基准。而且很多基金都有购买起点的要求。在不同时期内，同一开放式基金的购买价格不完全一样。

在首次发行期内认购，按发行面额计价。首次发行结束后申购，以营业网点公布的当日基金单位净值作为参考。

$$净申购金额=申购金额÷（1+申购费率）$$
$$申购费用=申购金额-净申购金额$$
$$申购份额=净申购金额÷T日基金单位净值$$

举例：基金申购份额的计算

客户张大爷打算用 100 000 元用来申购开放式基金，该只基金申购的费率为 2%，当日基金单位净值为 1.502 1 元，那么张大爷能够获得多少份额的基金呢？

净申购金额=申购金额÷（1+申购费率）=100 000÷（1+2%）≈98 039.22（元）

申购费用=申购金额-净申购金额=100 000-98 039.22 =1 960.78（元）

申购份额=净申购金额÷T日基金单位净值=98 039.22÷1.502 1≈65 268.10（份）

4. 基金赎回时间、费用、金额的计算

基金的赎回采用"数量赎回"的原则进行，并以当日单位基金资产净值作为计价基础。

基金赎回的时间为证券交易所交易日的 9:30—15:00。投资者当日（T日）在规定时间之内提交的申请，一般可在 T+2 日到办理赎回的网点查询并打印赎回确认单。通过电话或网站申请赎回的投资者，也可以通过相应的方式查询和打印确认单。销售机构通常在 T+4 日前（或以基金公司公告为准）将赎回的资金划入投资者的资金账户。

$$赎回总额=赎回份额×T日基金单位净值$$
$$赎回费用=赎回份额×T日基金单位净值×赎回费率$$
$$赎回金额=赎回总额-赎回费用$$

注：关于基金费用收费标准与计算方法，每家基金公司甚至每只基金的费率结构与政策均有所不同，申购与赎回时首先要查阅相关政策或向基金公司进行咨询。

举例：基金赎回金额的计算

客户张大爷于一年后赎回 60 000 份基金，假定赎回的费率为 1%，基金单位净值为 2.131 0 元，那么张大爷赎回的金额是多少？

赎回总额=60 000×2.131 0=127 860（元）

赎回费用=127 860×1%=1 278.60（元）

赎回金额=127 860-1 278.60=126 581.40（元）

小故事中的 理财智慧

话说北宋开国之初，也曾有真正一统天下的机会。可惜宋太宗当年在平定北汉后随即忘乎所以，犯下了轻敌冒进的错误，竟以为能轻而易举地荡平幽云诸州。在获得前期几次小胜后宋军更是骄兵急惰，结果在幽州城下几十万大军反陷重围，最后于高梁河边全线溃败，踌躇满志的宋太宗落了个乘驴车逃亡的下场。燕云十六州也从此与中原遥相阻隔。

宋太宗本来拥有大好的形势和强大的军队，就是因为在接连的胜利面前滋长了骄傲之心，没有预计和防范可能到来的风险，导致了无法挽回的败局。而许多投资者同样由于在大牛市中骄兵突进，致使在后来的单边暴跌中遭受了重大损失，而从此对基金投资谈"基"色变。

在投资理财已经成为现代社会人们的必修课的今天，投资者选择投资基金，只要能端正长期心态，对收益持有合理的预期，那基金就是一个很好的帮手。时刻保持对风险的一分清醒，克服"骄兵"心理，永远不要孤注一掷，充分依靠多元化的资产配置组合策略来有效分散风险，幸福投"基"之路，一定能走得更平稳、更长久。

思考：我们应该采取什么样的策略来选择基金呢？

角色扮演

亲爱的同学们，我们可以为客户提供基金咨询服务了！

【实训目标】

解答客户咨询的问题。

【实训要求】

1. 运用所学知识为客户解答有关理财的问题；

2. 按职业标准着装，热情接待客户；

3. 组建小组，每2人一组。

【实训内容】

1. 客户刘女士想购买基金来获取更高的收益，前来进行业务咨询，想请你为她进行一个基金的简要介绍。

2. 刘女士听完你的介绍后，看中一只名为"光大中国制造"的混合型基金，欲将30 000

元购买基金进行投资，请你帮客户测算一下，购买后能得到多少基金份额？若刘女士一年后计划将基金全部赎回，假设赎回时基金单位净值为 2.351 0 元，客户能够获利多少元？

相关参考资料如图 3-2～图 3-4 所示。

选择	基金名称 基金代码 类型 币种 网站折扣	最新净值 净值日期	累计 净值	近1日	近1月	近3月	近6月	近1年	今年 以来	人气值	银河三年 评级	操作
☐	光大中国制造 001740 混合型 人民币 -	1.4270 2017-09-28	1.4270	-1.04%	6.58%	32.70%	38.31%	43.01%	36.29%	44.58	-	购买 定投 关注

图 3-2　"光大中国制造"基金基本信息

购买金额（M）	认购费率	申购费率
M < 100.00万元	1.20%	1.50%
100.00万元 ≤ M < 200.00万元	0.80%	1.20%
200.00万元 ≤ M < 500.00万元	0.60%	0.80%

图 3-3　"光大中国制造"基金认购申购费率

持有时间（T）	赎回费率
T < 7天	1.50%
7天 ≤ T < 30天	0.75%
30天 ≤ T < 365天	0.50%
365天 ≤ T < 730天	0.20%
730天 ≤ T < -天	0.00%

图 3-4　"光大中国制造"基金赎回费率

3．任务完成后填写评价表 3-2。

【实训过程】

讲解：＿＿＿＿＿＿＿＿＿＿＿＿＿＿＿＿＿＿＿＿＿＿＿＿＿＿＿＿＿＿＿＿

＿＿＿＿＿＿＿＿＿＿＿＿＿＿＿＿＿＿＿＿＿＿＿＿＿＿＿＿＿＿＿＿＿＿＿＿

＿＿＿＿＿＿＿＿＿＿＿＿＿＿＿＿＿＿＿＿＿＿＿＿＿＿＿＿＿＿＿＿＿＿＿＿

＿＿＿＿＿＿＿＿＿＿＿＿＿＿＿＿＿＿＿＿＿＿＿＿＿＿＿＿＿＿＿＿＿＿＿＿

＿＿＿＿＿＿＿＿＿＿＿＿＿＿＿＿＿＿＿＿＿＿＿＿＿＿＿＿＿＿＿＿＿＿＿＿

计算：＿＿＿＿＿＿＿＿＿＿＿＿＿＿＿＿＿＿＿＿＿＿＿＿＿＿＿＿＿＿＿＿

＿＿＿＿＿＿＿＿＿＿＿＿＿＿＿＿＿＿＿＿＿＿＿＿＿＿＿＿＿＿＿＿＿＿＿＿

＿＿＿＿＿＿＿＿＿＿＿＿＿＿＿＿＿＿＿＿＿＿＿＿＿＿＿＿＿＿＿＿＿＿＿＿

【实训评价】

根据评价要素，将个人的评分及说明填写在表 3-2 中。

表 3-2　评价表

评 价 项 目	评 价 要 素	分值	评分及文字评价
语言表达	使用专业术语准确	15 分	
	解答条理清晰	15 分	
	语言亲切、自然	5 分	
	口齿清楚、表达流利	5 分	
解决问题	计算公式正确	20 分	
	计算结果正确	20 分	
	结论明确	20 分	
合　　计		100 分	

任务检测

1. 知识检测

（1）填空题

① 证券投资基金，是指通过公开发售基金份额募集资金，有基金托管人_____，

由_____管理和运作资金，为基金份额持有人的利益，以资产组合方式进行证券投资的

一种_____、_____的集合投资方式。

② 基金按投资标的分为四类：_____、_____、_____、

_____。

（2）计算题

① 客户王小姐拟用 200 000 元购买"万家蓝筹"基金，该只基金申购的费率为 1.2%，
基金单位净值为 1.200 7 元，那么客户能够获得多少份额的基金呢？

② 客户赵先生欲赎回 3 000 份"华宝海外"基金，该只基金单位净值为 1.829 0 元，赎回费率为 0.3%，那么赵先生赎回总额、赎回费用、赎回金额各是多少？

---

2. 牛刀小试

【资料】

客户孙先生在咨询基金业务时关注到一只名为"信达新能源"的基金，该基金相关资料如图 3-5～图 3-7 所示。

选择	基金名称 基金代码 类型 币种 网站折扣	最新净值 净值日期	累计 净值	近1日	近1月	近3月	近6月	近1年	今年 以来	人气值	银河三年 评级	操作
☐	信达新能源 001410 股票型 人民币 -	1.5550 2017-09-28	1.5550	1.04%	8.65%	25.27%	28.42%	41.85%	45.74%	11.60	-	购买 定投 关注

图 3-5　"信达新能源"基金基本信息

购买金额（M）	认购费率	申购费率
M < 100.00万元	1.20%	1.50%
100.00万元≤M < 200.00万元	0.30%	1.20%
200.00万元≤M < 500.00万元	0.60%	0.80%

图 3-6　"信达新能源"基金认购申购费率

持有时间（T）	赎回费率
T < 7天	1.50%
7天≤T < 30天	0.75%
30天≤T < 365天	0.50%
365天≤T < 730天	0.20%
730天≤T < -天	0.00%

图 3-7　"信达新能源"基金赎回费率

【要求】

（1）客户孙先生想了解一下这只基金的情况，请为客户做讲解。

（2）客户孙先生打算投入 100 000 元购买该只基金，请选择正确的计算公式，帮客户计算一下购买到的基金份额是多少。

（3）若孙先生 3 年后将基金全部赎回，假设赎回时基金单位净值为 2.021 8 元，客户能够获利多少元？

【操作记录】

_____

_____

_____

_____

_____

_____

_____

拓展阅读

现行的开放式基金的申购费有前端收费和后端收费两种。

（1）前端收费模式：在投资者申购时从申购款中一次性扣除申购费。

（2）后端收费模式：在购买时免交申购费，在赎回基金时再交纳，并且随持有年限的增长而降低。

后端申购费用=赎回份额×申购当日基金份额净值×后端申购费率

赎回费用=赎回总额×赎回费率

赎回金额=赎回总额-赎回费用-后端申购费用

任务二　组合选择基金

目前，基金投资作为一种理财工具已经被广泛接受。很多人希望通过对基金的投资来分享我国经济快速增长的成果，但每只基金管理人员、经理人、类型、资产规模、投资配置、投资行业都不尽相同，那么我们应该如何进行选择呢？这可是一门学问。

任务导入

客户李女士想选择一些开放式基金进行投资，但面对各种各样的基金挑花了眼（见图 3-8），向你进行业务咨询，请你为她提供帮助，让李女士科学选择适合自己的基金进行投资。

基本资料

基金全称	华夏成长证券投资基金	基金简称	华夏成长混合
基金类型	股票型	基金代码	000001
发行日期	2001-11-28	成立日期	2001-12-18
成立规模	323683万元	资产规模	48.50亿元
基金经理人	董阳阳	累计分红	2.4110元
基金管理人	华夏基金管理有限公司		
基金托管	中国建设银行股份有限公司		

分红送配

2017-12-07	每份派现金 0.0800元
2016-12-26	每份派现金 0.0300元
2015-11-20	每份派现金 0.1000元
2014-11-20	每份派现金 0.1000元
2010-09-07	每份派现金 0.3200元
2009-12-25	每份派现金 0.1000元
2008-01-23	每份派现金 0.5000元
2007-01-12	每份派现金 0.8310元
2006-09-27	每份派现金 0.0300元
2006-08-31	每份派现金 0.0300元

业绩表现及排名　　　　　　　　　　　　　数据日期：2017-12-15

	今年以来	近一个月	近三个月	近半年	近一年	近三年	成立以来
净值增长率	+16.39%	-3.12%	+2.21%	+8.15%	+16.28%	+10.86%	+543.85%
同类平均净值增长率	+11.79%	-3.54%	+0.28%	+9.10%	+11.59%	+31.44%	+68.25%
同类排名	465/1387	669/1387	530/1387	689/1387	461/1387	539/1387	29/1387
四分位排名	良好	良好	良好	良好	良好	良好	优秀

投资组合　　　　　　　　　　　　　　数据日期：2017-09-30

资产配置

股票	74.2%
债券	20.53%
现金	2.92%
其他	2.35%

投资行业

制造业	50.43%
金融业	9.84%
电力、热力、燃气及水	3.53%
采矿业	2.61%

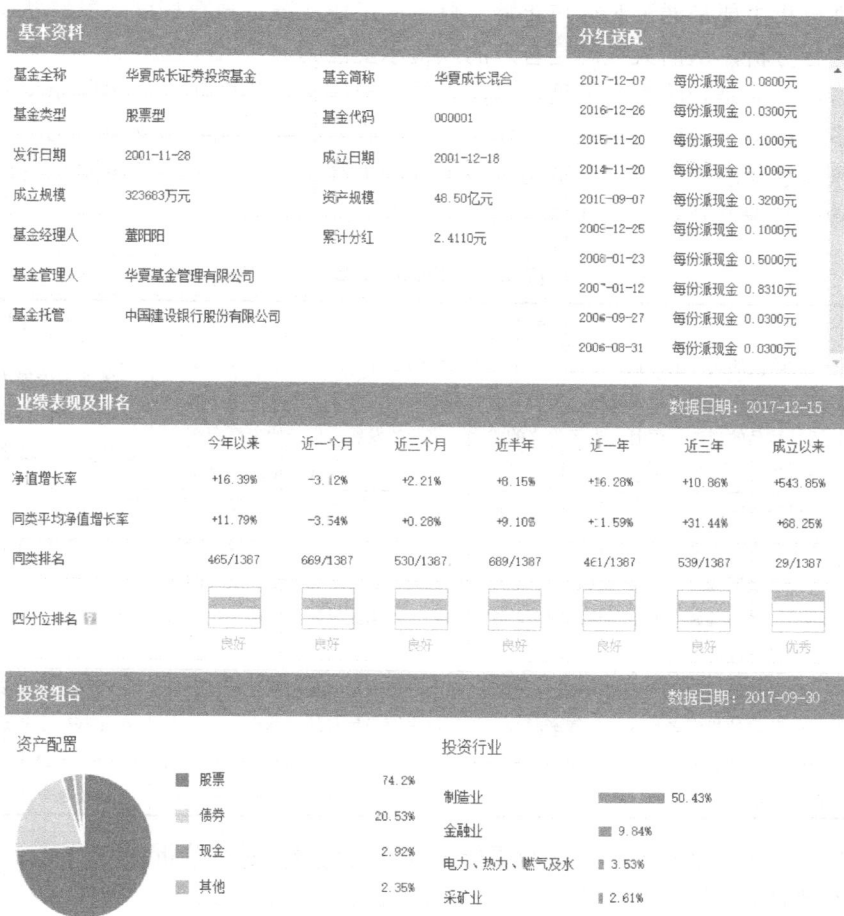

图3-8　"华夏成长证券投资"基金信息

知识准备

一、开放式基金选择的基本方法

1. 进行风险承受能力测评

投资者可以参与基金公司的基金风险承受能力测评，从基金风险承受能力测评中可以知道自己是何种类型的投资者，选择适合自己的基金品种。

准确评估客户的风险承受能力是一项非常复杂的工作，实务中我们一般采用定量分析与定性分析相结合的办法。定性分析主要是通过与客户面对面的交谈来基本判断客户的风险属性。但由于定性分析仅仅是凭借直觉，没有严格的量化关系，而且受工作经验、技巧及风险偏好的影响，不同的人可能得出差别较大的结论，因此在采用定性分析的同时还需要采用定量分析，综合运用两种方法以确定客户的实际风险承受能力。

（1）定性分析主要是通过对客户年龄、财富、工作状况、教育程度、家庭状况、性别等方面的信息进行分析，从而大致确定客户的风险承受能力。

一般而言，年龄是影响客户风险承受能力的首要因素，年龄越大，风险承受能力越弱；个人财富越多，风险承受能力越强；工作越稳定，收入越高，风险承受能力也越强；受教育程度越高，风险承受能力越强；未婚的风险承受能力高于已婚；男性的风险承受能力高于女性。不同年龄风险偏好及基金选择建议如表 3-3 所示。

表 3-3　不同年龄风险偏好及基金选择建议

年 龄 阶 段	群 体 特 征	基金选择建议
24～35 岁	此阶段的人可塑性强，潜力大，正处于人生的上升阶段；年轻，几乎没有经济负担，但积蓄也比较少；消费观念紧跟潮流，注重娱乐产品和基本的生活必需品的消费；同时，为了将来的成家、事业的发展，也开始未雨绸缪；随着年龄的增长，赚钱能力也逐渐增强，总的来说，风险承受能力比较强	风险承受能力比较好，资产的增值为首要目标，可以多选择一些股票方向的基金
35～50 岁	已经成家，夫妇已经有了一定年纪但有未成年的子女需要抚养，属于上有老下有小的"夹心"一族，家庭、工作压力都比较大，处于这一阶段的投资者经济状况尚可，消费习惯稳定。这一阶段的投资者处于家庭生命周期的成熟期，风险偏好受家庭整体的财务状况影响较大，因此风险承受能力也因家庭财务状况而定	结合投资者的实际情况进行基金选择，确保资产的保值、增值
50 岁以上	这一年龄层的投资者即将或已经退休，子女已经成年并且独立生活。处于这一阶段的投资者收入开始逐渐减少，收入仅来源于每月的退休金。由于未来收入的增长空间有限，因此在投资的过程中，资金的安全性尤为重要，风险承受能力比较弱	以保证资金安全为第一，在此基础上追求资产的稳健增值。选择保本型、债券型基金较为合适

（2）定量分析主要通过设计风险承受能力问卷调查表来进行分析。

设计问卷调查表必须遵循三个原则：

一是所设计的问卷调查表必须通俗易懂，尽量避免专业词汇。

二是问卷调查表不能有影响客户独立判断的信息。

三是问卷调查表的问题在逻辑上前后需要保持一致。

设计好客户风险承受能力调查问卷表后，根据不同的回答赋予相应的分值，然后根据得分确定其风险承受能力。

举例：风险能力测试问卷

风险能力测试 http://www.byfunds.com/byxy/index.jsp?id=68

激进者可以偏重股票型和混合型基金；

稳健者可以偏重混合型和债券型基金；

保守者可以以债券型和保本型基金为主，或者购买货币基金。

有三个人比赛跑步，看谁先到终点。第一个人跑得最快，直到面临沼泽地时，因为绕路走会增加很长的距离从而影响成绩，便试探着走入沼泽。虽然艰险，左跨右跳，竟也能找出一段路来，可好景不长，未走多远，不小心一脚踏进烂泥里，沉了下去。

下一个人紧跟着也来到了沼泽地，看到前人的脚印，便想，"虽然沼泽地有危险，但一定是已经有人过去了，沿着别人的脚印走还有赶超上去的可能"，于是便赶紧走过去。最后也一脚踏空沉入了烂泥。

最后一个人来到沼泽地，看着前面众人的脚印，心想，"虽然已有这么多人走过，但是如果我此刻跟随前人的脚印，即使安全穿过沼泽，可能也无法获得好的成绩，干脆找一条最安全的路，绕道虽远了些，但坚持下去总能到达终点"。结果没想到他不但成了第一个，更是唯一安全到达终点的人。

想想看，大家身边有没有类似的这样三个人，第一个人很早就买了基金，虽然赶上了上涨获利，但因为对风险没有事先的预计，没多久就把先前赚到的钱给亏掉了。第二个人是在市场人人叫好的时候看到某基金卖得火爆，生怕错过机会，急急忙忙追入，结果连小赚的机会都没有，亏了很多。第三个人知道自己的风险承受能力，在市场达到沸点的时刻觉得这个"市场沼泽"已经对自己的财产构成了较大的风险，于是干脆选择了安全的理财方式，避免了亏损。

思考： 你从这个故事中得到了什么启示呢？

2. 科学合理选择基金

无论选择哪种基金都要注重它的业绩（市场表现），不仅仅是近期表现，还有历史表现，因此应做到"三看"。

1）看市场表现

关注基金排行，具体到每一个类型每一个品种的每一个基金的增长率，都从日到月到年进行了排行，月增长率的排行有近1月、近3月、近6月，年增长率的排行有近1年、近2年、近3年。例如，债券型开放式基金排行信息如图3-9～图3-11所示。

考量一个基金的表现，不仅要看它的月增长率，更要看它的年增长率。一些有经验的基金投资者在选择基金时，通常用截图的方式把排行表上按近1年、近2年和近3年的基金净值增长率排行分别截下来，取排行前20名或30名的基金做标的，用打"正"字的办法筛选出长期或历史表现较好的基金作为投资标的，这不失为一种好的方法。

2）看基金经理

一个基金的市场表现固然重要，选择管理这个基金的基金经理也很重要，"选基金不如选基金经理、买基金就是买基金经理"的说法流传已久。因为基金经理是直接进行资产管理和投资决策环节中最重要的一员。

基金产品

优选基金　　阶段涨幅　　**人气基金**　　特色基金　　新发基金

全部　股票型　混合型　**债券型**　QDII

基金名称 基金代码 类型 币种 网站折扣	最新净值 净值日期	累计净值	近1周	近1月	近3月	近6月	人气值	操作
博时稳定B 050006 债券型 人民币 -	1.4320 2018-03-07	1.7930	0.49%	1.35%	0.85%	-1.59%	0.09	购买 定投 关注
博时稳健A 160513 债券型 人民币 -	1.3690 2018-03-07	1.4440	0.73%	1.33%	1.48%	-2.49%	0.06	购买 定投 关注
博时稳定前 050106 债券型 人民币 -	1.4580 2018-03-07	1.8420	0.55%	1.32%	0.90%	-1.49%	0.10	购买 定投 关注
博时稳定后 051106 债券型 人民币 -	1.4580 2018-03-07	1.8420	0.55%	1.32%	0.90%	-1.49%	0.06	购买 定投 关注
建信增利 530008 债券型 人民币 -	1.6150 2018-03-07	1.8880	0.37%	1.07%	1.45%	-0.31%	0.24	购买 定投 关注

图 3-9　债券型开放式基金近 1 月排行信息

基金产品

优选基金　　阶段涨幅　　**人气基金**　　特色基金　　新发基金

全部　股票型　混合型　**债券型**　QDII

基金名称 基金代码 类型 币种 网站折扣	最新净值 净值日期	累计净值	近1周	近1月	近3月	近6月	人气值	操作
添富可转债A 470058 债券型 人民币 -	1.4860 2018-03-07	1.5560	-1.65%	-2.87%	6.21%	-4.79%	0.13	购买 定投 关注
添富可转债C 470059 债券型 人民币 -	1.4480 2018-03-07	1.5180	-1.63%	-2.88%	6.07%	4.54%	0.07	购买 定投 关注
天治可转债C 000081 债券型 人民币 -	1.1160 2018-03-07	1.1160	-0.18%	-0.71%	4.09%	-1.24%	0.04	购买 定投 关注
易高等级信用债C 000148 债券型 人民币 -	1.1680 2018-03-07	1.2380	0.26%	0.95%	3.64%	3.83%	0.08	购买 定投 关注
光大安和债券A 003109 债券型 人民币 -	1.1323 2018-03-07	1.1323	-0.17%	-0.48%	3.11%	5.13%	0.37	购买 定投 关注

图 3-10　债券型开放式基金近 3 月排行信息

基金产品

基金名称 基金代码 类型 币种 网站折扣	最新净值 净值日期	累计净值	近1周	近1月	近3月	近6月	人气值	操作
光大安和债券A 003109 债券型 人民币 -	1.1323 2018-03-07	1.1323	-0.17%	-0.48%	3.11%	5.13%	0.37	购买　定投 关注
易方达丰和债券 002969 债券型 人民币 -	1.1226 2018-03-07	1.1226	-0.15%	-0.51%	2.88%	5.07%	0.13	购买　定投 关注
添富可转债A 470058 债券型 人民币 -	1.4860 2018-03-07	1.5560	-1.65%	-2.87%	6.21%	4.79%	0.13	购买　定投 关注
添富可转债C 470059 债券型 人民币 -	1.4480 2018-03-07	1.5180	-1.63%	-2.88%	6.07%	4.54%	0.07	购买　定投 关注
易高等级信用债C 000148 债券型 人民币 -	1.1680 2018-03-07	1.2380	0.26%	0.95%	3.64%	3.83%	0.08	购买　定投 关注

图 3-11　债券型开放式基金近 6 月排行信息

　　基金经理的业务水平、经验、稳定性及专业知识结构，都是相当重要的指标，而其从业经历、选股哲学、稳定性都会影响基金的绩效。总而言之，基金经理的能力越强，同时基金的盈利能力就越强。建议投资者先了解该基金经理的基本数据与资历，以及其个人风格和过往业绩，并将该公司旗下其他基金的运作业绩作为参考。例如，"鹏华消费优选（206007）"基金经理介绍如图 3-12 所示。

基金经理	
基金经理姓名	王宗合
基金经理履历	王宗合先生：国籍中国，金融学硕士，10年证券从业经验，曾经在招商基金从事食品饮料、商业零售、农林牧渔、纺织服装、汽车等行业的研究。2009年5月加盟鹏华基金管理有限公司，从事食品饮料、农林牧渔、商业零售、造纸包装等行业的研究工作，担任鹏华动力增长混合(LOF)基金基金经理助理。现担任权益投资二部总经理。2010年12月担任鹏华消费优选混合基金基金经理，2011年02月至2011年03月担任鹏华动力增长混合(LOF)基金基金经理，2012年06月担任鹏华金刚保本混合基金基金经理，2014年07月担任鹏华品牌传承混合基金基金经理，2014年12月担任鹏华养老产业股票基金基金经理，2016年04月担任鹏华金鼎保本混合基金基金经理，2016年06月担任鹏华金城保本混合基金基金经理，2017年02月担任鹏华安益增强混合基金基金经理，2017年07月担任鹏华中国50混合基金基金经理，2017年09月担任鹏华策略回报混合基金基金经理。
历任基金	鹏华动力增长
基金经理获奖情况	
现任基金	鹏华消费优选　鹏华策略回报混合基金　鹏华安益增强混合基金　鹏华中国50　鹏华金城保本混合型基金　鹏华金鼎保本混合基金A　鹏华金鼎保本混合基金C　鹏华养老产业股票　鹏华品牌传承混合　鹏华金刚保本
基金公司	鹏华基金管理有限公司

图 3-12　"鹏华消费优选（206007）"基金经理介绍

　　3）看第三方评级

　　第三方评级是由基金评级机构收集有关信息，通过科学定性、定量分析，依据一定的标准，对投资者投资于某一种基金后所需要承担的风险及能够获得的回报进行预期，并根据收

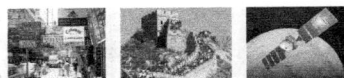

益和风险的预期对基金进行排序。因此，第三方评级优秀的基金比较稳妥。例如，“银河三年评级”“晨星评级”如图 3-13、图 3-14 所示。

优选基金　阶段涨幅　人气基金　特色基金　新发基金

近1日　近1周　近1月　近3月　近6月　近1年

基金名称 基金代码 类型 币种 网站折扣	最新净值 净值日期	累计净值	近1周	近1月	近3月	近6月	银河三年评级	操作
添富美丽30 000173 混合型 人民币 -	2.5880 2018-03-07	2.5880	0.47%	-2.66%	10.29%	20.97%	★★★	购买 定投 关注
鹏华品牌传承 000431 混合型 人民币 -	1.4620 2018-03-07	1.5440	-2.58%	-2.65%	8.31%	19.00%	★★★★	购买 定投 关注
添富优势 519008 混合型 人民币 -	3.0792 2018-03-07	7.0088	1.08%	-1.92%	8.86%	20.33%	★★★★	购买 定投 关注
东方红产业升级 000619 混合型 人民币 -	3.4340 2018-03-07	3.4340	0.55%	-1.00%	10.19%	23.66%	★★★★★	购买 定投 关注
景顺鼎益 162605 混合型 人民币 -	1.3210 2018-03-07	4.0490	-2.35%	-2.56%	10.30%	23.33%	★★★★★	购买 定投 关注
景顺平衡 260103 混合型 人民币 -	1.2167 2018-03-07	3.5167	-1.31%	-4.57%	8.20%	16.81%	★★★★★	购买 定投 关注

图 3-13　中国建设银行基金“银河三年评级”

当前位置：　开放式基金 > 基金评级

共　2590　条记录　　更新日期：2018-03-05　关键字　输入基金代码或简称　查 询

基金代码 基金名称	最新净值	晨星分类	三年评级	五年评级	日回报	总回报	操作
000001 华夏成长混合	1.121	激进配置型基金	☆☆☆	☆☆☆	-0.88	514.03	详情
000003 中海可转换债券 - A	0.74	可转债基金	☆☆	——	-1.07	-13.00	详情
000004 中海可转换债券 - C	0.742	可转债基金	☆☆	——	-1.07	-12.76	详情
000007 鹏华国企债债券	1.1583	激进债券型基金	☆☆	——	-0.49	16.79	详情
000008 嘉实中证500ETF联接基金	1.6671	股票型基金	☆☆	——	-0.53	66.71	详情
000009 易方达天天理财货币 - A	1	货币市场基金	——	——	0.01	21.29	详情
000010 易方达天天理财货币 - B	1	货币市场基金	——	——	0.01	22.75	详情
000011 华夏大盘精选混合	13.6	激进配置型基金	☆☆☆☆	☆☆☆	-0.33	2279.63	详情
000014 华夏聚利债券	1.157	普通债券型基金	☆☆	——	-0.43	15.70	详情
000015 华夏纯债债券A	1.178	纯债基金	☆☆☆	——	0.00	20.89	详情
000016 华夏纯债债券C	1.154	纯债基金	☆☆☆	——	0.00	18.47	详情

图 3-14　招商银行基金“晨星评级”

3. 注重进行基金投资组合

俗话说“不要把鸡蛋放在同一个篮子里”，投资组合是针对投资者的实际情况和需求，构建合理的基金投资组合。那么，投资者应该如何进行基金投资组合呢？

1）依据攻守平衡原则对基金进行投资组合

不同类型的基金其资产配置也不尽相同，如图3-15～图3-18所示。投资者需要将风险和收益进行权衡对比，然后把互补的基金相互组合，可以是3个或5个进行组合，也可以是其他组合，这样在保证收益的同时又降低了基金的风险。

例如，当前股市总体向好，因此偏股型基金的投资收益相对较好；另外，由于股市存在短期振荡的可能，这也就要求基金在投资组合上要有一定比例的低风险资产，从而能够有效防范相应的市场风险。

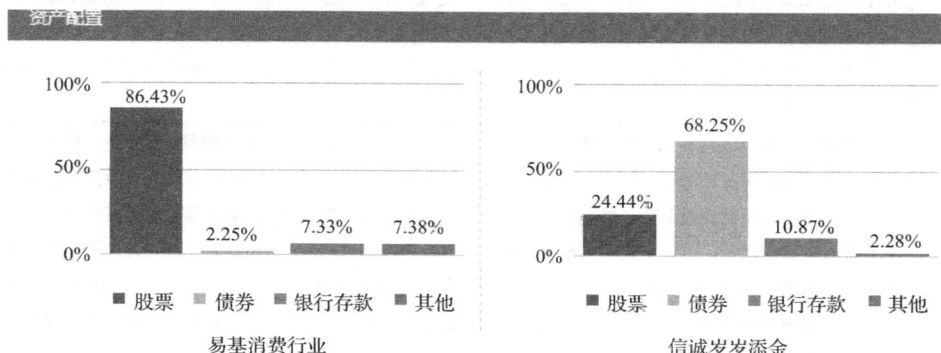

图 3-15　"易基消费行业 110022"股票型

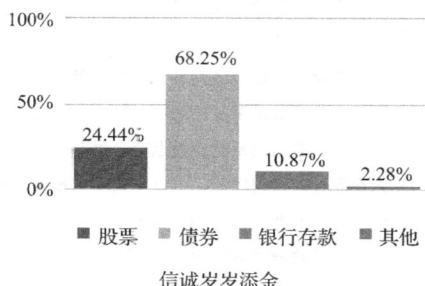

图 3-16　"信诚岁岁添金 550016"混合型

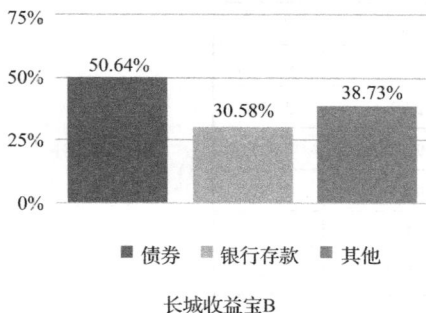

图 3-17　"长城收益宝 B 004973"货币型

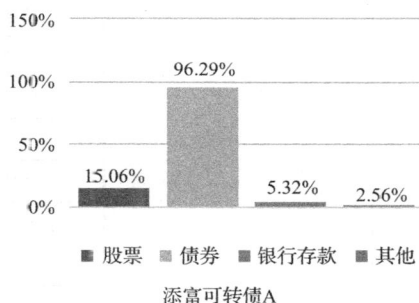

图 3-18　"添富可转债 A 470058"债券型

2）了解基金经理人的投资个性

在基金投资过程中，基金经理人的投资个性决定着他去选择什么样的基金品种，对基金投资会有什么样的组合，所以了解了基金经理人的个性就能更好地知道他选择的基金产品及组合是否适合自己，他选择的基金投资产品的风险和收益是否是自己所能承受的，这样更便于投资者来选择适合自己的基金投资。

对于一般投资者，可以通过查看基金的投资目标、投资策略、资产配置和持仓等综合进行了解。通过分析，投资者可以看出基金的持仓是否符合国家产业政策的导向和市场的热点，进而可以看出基金的业绩是如何取得的及业绩是否具有可持续性。同时，投资者必须分析基金资产配置中组合的风险分散程度，如果基金投资过分集中，风险会很大，除非是追求高收益、高回报的投资者，否则就不要投资持股太集中的基金。例如，"易基消费行业"股票型

基金投资信息如表 3-4 所示。

表 3-4 "易基消费行业"股票型基金投资信息

类　别	易基消费行业（110022）股票型基金
投资目标	本基金主要投资消费行业股票，在严格控制风险的前提下，追求超越业绩比较基准的投资回报
投资策略	本基金基于定量与定性相结合的宏观及市场分析，确定组合中股票、债券、货币市场工具及其他金融工具的比例，追求更高收益，回避市场风险。 在资产配置中，本基金主要考虑：（1）宏观经济指标，包括 GDP 增长率、工业增加值、PPI、CPI、市场利率变化、进出口贸易数据、金融政策等，以判断经济波动对市场的影响；（2）微观经济指标，包括各行业主要企业的盈利变化情况及盈利预期；（3）市场方面指标，包括股票及债券市场的涨跌及预期收益率、市场整体估值水平及与国外市场的比较、市场资金供求关系及其变化；（4）政策因素
投资范围	本基金的投资范围为具有良好流动性的金融工具，包括国内依法发行、上市的股票、债券、权证、资产支持证券、货币市场工具及法律法规或中国证监会允许基金投资的其他金融工具。本基金可以投资在创业板市场发行、上市的股票及创业板上市公司发行的债券。如法律法规或监管机构以后允许基金投资其他品种，基金管理人在履行适当程序后，可以将其纳入投资范围。本基金为股票型基金，投资比例范围为：股票资产占基金资产的 80%～95%，基金持有全部权证的市值不得超过基金资产净值的 3%，基金保留的现金及投资于到期日在一年以内的政府债券的比例合计不低于基金资产净值的 5%。本基金投资于中证指数公司界定的主要消费行业和可选消费行业股票的比例不低于股票资产的 95%

资产配置	项目	金额（亿元）	比例
	股票	115.03	86.43%
	债券	2.99	2.25%
	银行存款	9.76	7.33%
	其他	9.83	7.38%
	基金资产总值	137.61	—
	基金资产净值	133.08	—

行业投资	行业类别	公允价值（元）	占基金资产净值比例
	农、林、牧、渔业	328 990 015.14	2.86%
	制造业	10 903 803 546.00	94.79%
	电力、热气、燃气及水的生产和供应业	16 143.20	0.00%
	交通运输、仓储和邮政业	17 942.76	0.00%
	信息传输、软件和信息技术服务业	34 112.55	0.00%
	租赁和商务服务业	270 008 217.60	2.35%
	水利、环境和公共设施管理业	32 323.20	0.00%

类　别	易基消费行业（110022）股票型基金			
	证券代码	证券名称	公允价值（元）	占基金资产净值比例
证券投资	000858	五粮液	1 291 247 499.08	9.70%
	600519	贵州茅台	1 256 693 540.13	9.44%
	000651	格力电器	1 232 292 148.5	9.26%
	000333	美的集团	1 219 872 953.5	9.17%
	000568	泸州老窖	1 063 098 758	7.99%
	600887	伊利股份	978 603 973.11	7.35%
	600104	上汽集团	875 217 904.56	6.58%
	600690	青岛海尔	594 442 053.84	4.47%
	600741	华诚汽车	532 091 205.47	4.00%
	000418	小天鹅 A	484 336 029.75	3.64%

3）依据风险承受能力和投资目标构建基金组合

基金风险承受能力测评中根据测评分数测评出激进者、稳健者和保守者，之所以激进、稳健和保守，这里包含有资产情况和承担风险的因素，资产情况越好，风险承受能力就越强。此外，也要看投资者的心理素质，心理素质高的投资者风险承受能力也会相应比较强，所以风险承受能力的强弱直接影响投资者选择投资的品种。同时，投资者的投资目标、方向，也会对基金的组合产生一定影响。

小故事中的
理财智慧

利用模拟组合：分散资金、降低投资风险

1. 登录建行模拟组合界面：

http://fund.ccb.com/cn/fund/guide/fund_simulation.html

2. 依据攻守平衡原则、风险承受能力和投资目标对基金进行选择。输入选择的基金代码或名称，将所挑选的基金分别添加到 A、B 两个投资组合。

3. 根据投资者的实际情况修改投资金额，将资金分别进行配置。

4. 拟定组合建立日期；进行 A、B 两个投资模拟组合的对比，如图 3-19 所示。

5. 查看并参考模拟数据（业绩表现、资产配置、模拟组合建立日至今的收益等），根据投资者实际情况和需求综合进行考量，进行投资组合的选择与配置，以达到分散资金、降低投资风险的目的。注意：基金过往业绩并不预示其未来表现，不保证未来收益。

例如，建行基金模拟组合参考数据图如图 3-20 所示。

模拟组合

组合建立日期：2018-01-01 📅

组合A			
请输入基金代码/基金名称/简拼/关键字			添加

基金名称	基金类型	投资金额（元）	初始比例
易基消费行业 (110022)	股票型	10000.00	33.33%
博时主题 (160505)	混合型	10000.00	33.33%
华夏全球 (000041)	QDII	10000.00	33.34%
合计		30000	100%

模拟　购买　关注

组合B			
请输入基金代码/基金名称/简拼/关键字			添加

基金名称	基金类型	投资金额（元）	初始比例
易方达50 (110003)	股票型	5000.00	16.67%
上投新兴动力 (377240)	混合型	5000.00	16.67%
工银7天理财A (485118)	债券型	10000.00	33.33%
建信双周安心A (530014)	债券型	10000.00	33.33%
合计		30000	100%

模拟　购买　关注

开始对比

图 3-19　A、B 投资模拟组合对比图

📊 业绩表现　　　　　　　　　　　　　　　　　　　　生成报告

近3月　近6月　近1年

组合收益率走势

● 上证指数　○ 中证全债　○ 中证500　　　━●━ 组合A　⋯✦⋯ 组合B　━■━ 上证指数

	投资金额（元）	初始比例	截止目前		
			市值（元）	市值占比%	收益率%
组合A	30000.00	100.00%	30369.24	100.00%	1.23%
组合B	30000.00	100.00%	30640.12	100.00%	2.13%

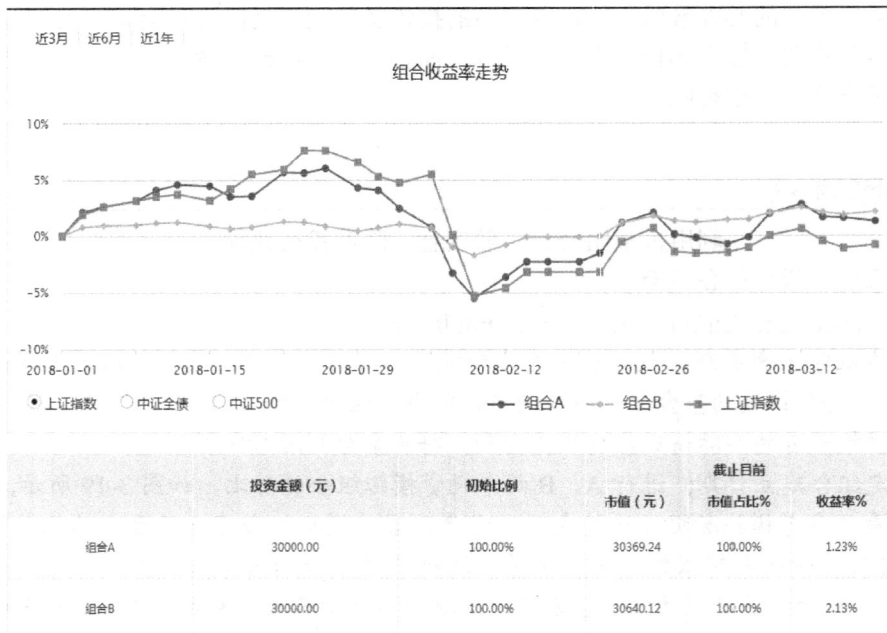

图 3-20　建行基金模拟组合参考数据图

資産配置

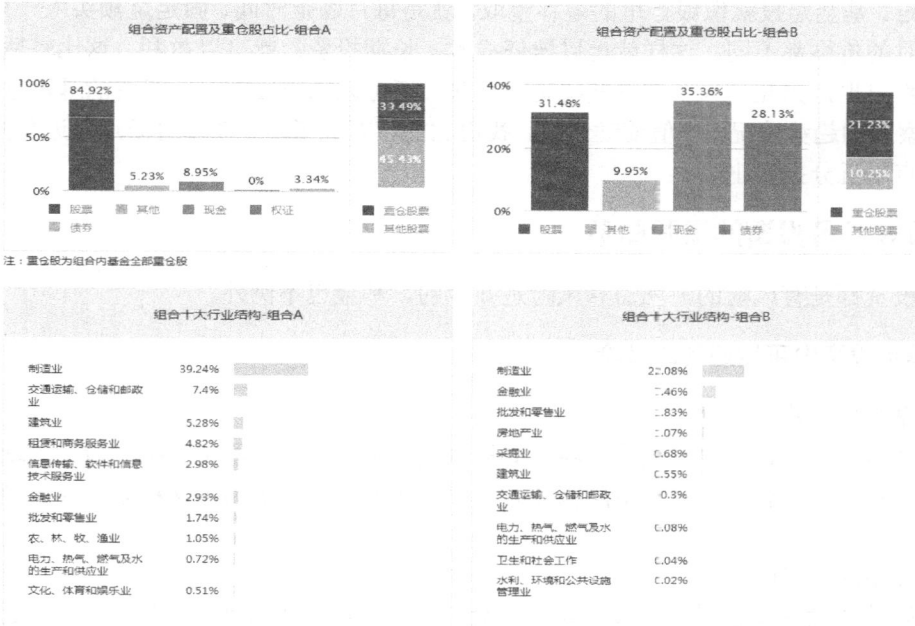

图 3-20　建行基金模拟组合参考数据图（续）

4．注重买卖技巧

1）买卖时机

基金投资是一种间接的证券投资方式。基金管理公司通过发行基金份额，集中投资者的资金，由基金托管人（即具有资格的银行）托管，由基金管理人管理和运用资金，从事股票、债券等金融工具投资，因此基金很大程度地跟股市联动。股市行情好，股票上涨，基金净值也随着增长；相反，股市低迷，股票下跌，基金净值也随着下跌。照此说法当然是当股市处于低迷时买入最好。股市低迷，股票价格低，基金净值也低，在低位买入，既节省了资金，安全边际也高。相反，应在股市行情好时卖出，因为股市行情好，股票价格高，基金净值也高，投资基金的利润也就颇为丰厚。但股市高点在哪、低点在哪，这并不是一般人能预测得到的，许多机构投资者不是套牢就是踏空，何况我们普通投资者。这就要讲求个买卖方法了。

2）买卖方法

我们已经知道基金和股市有很大的联动性，而股市的不确定性又较强，在这种情况下能否把一次性买入改为分次买入？

一是采用"倒金字塔"式，假如第一次申购后，净值开始下跌，可把一笔资金分成三或四份，越下跌买得越多。等大盘上扬时，就可享受收益。

二是采取"顺金字塔"式，假如在第一次申购后，净值开始上涨，同样也可把一笔资金分成几次购买，只是越上涨就买得越少。这样既可规避大盘调头风险，又可将平均成本保持在当前净值之下。

三是把一次性买入改为定期定额投入，期限可定为半月或一月，投入的资金根据个人资产状况而定。基金定投就像银行里的零存整取，就是每月固定时间、固定金额买入一只基金，每月买入时的价格都不同，这样就可以摊低成本，长期投资，就可以盈利。这比较适合绩优老基金。卖出也是如此。为了买得低些卖得高些，还可以比照股市对所投资的基金进行动态跟踪，观察它的趋势情况、净值变动情况，找出它的相对高低点，在相对低点附近分批买入，在相对高点附近分批卖出。

二、开放式基金投资的风险防范

任何投资都是有风险的，利益和风险是并存的，基金也不例外。

1．基金投资中可能遇到的风险

（1）系统性风险

系统性风险主要包括政策风险、经济周期风险、利率风险、通货膨胀风险、流动性风险五种。尽管基金自身有一定的风险防范能力，但是在整个证券市场中这种系统性风险却难以避免。

（2）非系统性风险

非系统性风险主要包括上市公司经营风险、操作风险和技术风险、基金未知价的风险、管理和运作风险及信用风险。

基金投资过程中遇到的风险，无论是系统性的还是非系统性的，政府的财政货币政策、金融市场的利率波动、基金的相关当事人在操作过程中出现的一些问题等，任何一方的变动都会导致风险发生，所以在投资之前一定要做好风险的防范措施。

2．风险防范

1）全面了解证券投资基金

投资者需要掌握一些必备的基金投资常识，包括重要的交易规则、交易费用、资金到账时间等。同时，可以巧妙运用基金相关业务，如网上交易、转换业务等来回避风险，提高收益。应了解基金，在投资前就做好充分的防范风险准备，投资切莫贪心，要学会见好就收。

2）摸清家底，算好资金账

投资者要从自己的年龄和收入、所能承担的风险和期待的收益等方面来选择适合自己的产品。首先选择优秀基金管理公司的产品；其次要分散投资，不要把所有的鸡蛋放到一个篮子中，分散风险尝试多种投资组合。

3）选择好入市时机，合理控制买入成本

投资者要适时进行投资组合调整。在股市风险较高时，将高风险的股票基金转换为低风险的债券基金或货币基金来减少资产损失；在市场走势强劲的时候，则可将债券基金转换为股票基金来分享增值机会。

角色扮演

亲爱的同学们，我们可以为客户提供基金咨询服务了！

【实训目标】

解答客户咨询的问题。

【实训要求】

1. 运用所学知识为客户解答有关理财的问题；

2. 按照职业标准着装，热情接待客户；

3. 组建小组，每2人一组，分角色进行扮演。

【实训内容】

1. 客户李女士前来咨询基金业务，请你为她提供帮助，让李女士选择适合自己的基金进行投资。

2. 任务完成后填写评价表3-5。

【实训过程】

基金选择方法讲解：_____

_____

_____

通过风险承受能力测试，李女士风险承受能力较强，属于激进者，请为其提供基金组合

建议：_____

_____

_____

_____

_____

介绍买卖技巧及风险防范措施：_____

_____

_____

【实训评价】

根据评价要素，将个人的评分及说明填写在表 3-5 中。

表 3-5　评价表

评价项目	评 价 要 素	分值	评分及文字评价
语言表达	使用专业术语准确	15 分	
	解答条理清晰	15 分	
	语言亲切、自然	5 分	
	口齿清楚、表达流利	5 分	
解决问题	根据客户提供的信息，进行风险承受能力测评（定性分析、定量分析）	20 分	
	为客户准确、全面地讲解选择基金的方法	20 分	
	为客户提供基金组合的建议	10 分	
	为客户介绍买卖技巧及风险防范的措施	10 分	
合　　计		100 分	

任务检测

1. 知识检测

（1）填空题

① 投资者风险承受能力测评主要有两种方法，分别是：＿＿＿＿＿＿、＿＿＿＿＿＿。

② 选择基金时要做到"三看"，即＿＿＿＿＿＿、＿＿＿＿＿＿、＿＿＿＿＿＿。

③ 风险与收益并存，基金投资中可能会遇到的风险主要分为两大类：＿＿＿＿＿＿、

＿＿＿＿＿＿。

（2）简答题

① 风险承受能力调查表在设计时必须遵循的原则有哪些？

_____

_____

_____

② 基金组合的五原则是什么？

_____

_____

_____

_____

_____

2．牛刀小试

【资料】

登录各大银行或理财网站，查阅基金产品相关信息。例如：

招商银行基金产品相关信息：http://fund.cmbchina.com/

中国建设银行基金产品相关信息：http://fund.ccb.com/cn/fund/index.html

腾讯理财基金产品相关信息：http://finance.qq.com/fund/

【要求】

（1）为自己科学合理地选择基金，并进行基金投资组合；

（2）阐述自己进行选择和投资组合时的方法及结论。

【操作记录】

_____

_____

_____

_____

_____

_____

_____

拓展阅读

基金组合的五原则：

① 依据不同产品风险类型进行组合，有效地分散投资风险。

② 选择不同投资风格的基金产品进行组合，博取更多收益机会。

③ 选择不同基金公司的产品，确保基金品质。

④ 选择不同的基金经理进行组合，相互取长补短。

⑤ 选择新老基金进行组合，分散投资节奏。

建设银行基金资讯：

http://fund.ccb.com/cn/fund/news/news_index.html

项目四

策略选择谈股票

项目目标

❖ 熟知股票投资中经常使用的名词;

❖ 掌握合理的股票投资观念与主流的股票投资
  方法;

❖ 初步树立咨询服务的职业意识。

任务一　揭秘股票

股票市场是国民经济的晴雨表。随着我国资本市场二十多年的建设，如今股票投资（炒股）已经成为民众投资渠道之一。股票是由股份公司签发的用以证明股东所持股份的凭证，它表明股票的持有者对股份公司的部分资本拥有所有权。由于股票包含经济利益，且可以上市流通转让，因此股票也是一种有价证券。

任务导入

客户张先生每年年底都会发一笔年终奖，最近他听同事说股市不错，所以想学学股票投资。有人告诉他股票收益高，风险也大，做好的话很赚钱；也有人说股票千万别碰，谁碰谁倒霉。张先生也不知道应该听谁的。

知识准备

一、常用股票投资名词

1. 股票

股票是股份公司发行的所有权凭证，是股份公司为筹集资金而发行给各个股东作为持股凭证并借以取得股息和红利的一种有价证券。每股股票都代表股东对企业拥有一个基本单位的所有权。每只股票背后都有一家上市公司。换言之，每家上市公司都会发行股票。

2. 股票市场

股票市场是已经发行的股票转让、买卖和流通的场所，包括交易所市场和场外交易市场两大类别。由于它是建立在发行市场基础上的，因此又称作二级市场。股票市场的结构和交易活动比发行市场（一级市场）更为复杂，其作用和影响力也更大。

股票市场的前身起源于 1602 年荷兰人在阿姆斯特河大桥上进行荷属东印度公司股票的买卖，而正规的股票市场最早出现在美国。股票市场是投机者和投资者双双活跃的地方，是一个国家或地区经济和金融活动的寒暑表，股票市场的不良现象（如无货沽空等）可导致股灾等各种危害的产生。股票市场唯一不变的就是：时时刻刻都是变化的。中国有上海证券交易所和深圳证券交易所两个交易市场。

3. 股票的特点

1）不可偿还性

股票是一种无偿还期限的有价证券，投资者认购了股票后就不能再要求退股，只能到二级市场卖给第三者。股票的转让只意味着公司股东的改变，并不减少公司资本。从期限上看，只要公司存在，它所发行的股票就存在，股票的期限等于公司存续的期限。

2）参与性

股东有权出席股东大会，选举公司董事会，参与公司重大决策。股票持有者的投资意向和享有的经济利益，通常是通过行使股东参与权来实现的。股东参与公司决策的权利大小，取决于其所持有的股份的多少。从实践中看，只要股东持有的股票数量达到左右决策结果所需的数量时，就能掌握公司的决策控制权。

3）收益性

股东凭其持有的股票，有权从公司领取股息或红利，获取投资的收益。股息或红利的大小，主要取决于公司的盈利水平和公司的盈利分配政策。股票的收益性还表现在股票投资者可以获得价差收入或实现资产保值、增值。通过低价买入和高价卖出股票，投资者可以赚取价差利润。以美国可口可乐公司股票为例：如果在1984年年底投资1 000美元买入该公司股票，到1994年7月便能以11 654美元的市场价格卖出，赚取10倍多的利润。在通货膨胀时，股票价格会随着公司原有资产重置价格上升而上涨，从而避免了资产贬值。股票通常被视为在高通货膨胀期间可优先选择的投资对象。

4）流通性

股票的流通性是指股票在不同投资者之间的可交易性。流通性通常以可流通的股票数量、股票成交量及股价对交易量的敏感程度来衡量。可流通股数越多，成交量越大，价格对成交量越不敏感（价格不会随着成交量一同变化），股票的流通性就越好，反之就越差。股票的流通，使投资者可以在市场上卖出所持有的股票取得现金。通过股票的流通和股价的变动，可以看出人们对相关行业和上市公司的发展前景和盈利潜力的判断。那些在流通市场上吸引大量投资者、股价不断上涨的行业和公司，可以通过增发股票不断吸收大量资本进入生产经营活动，收到了优化资源配置的效果。

5）风险性

股票在交易市场上作为交易对象，同商品一样，有自己的市场行情和市场价格。由于股票价格要受到诸如公司经营状况、供求关系、银行利率、大众心理等多种因素的影响，其波动有很大的不确定性。正是这种不确定性，有可能使股票投资者遭受损失。价格波动的不确定性越大，投资风险也越大。因此，股票是一种高风险的金融产品。例如，称雄于世界计算机产业的国际商用机器公司，当其业绩不凡时，每股价格曾高达170美元，但在其地位遭到挑战，出现经营失策而招致亏损时，股价下跌到40美元，如果不合时机地在高价位买进该股就会导致严重损失。

二、股票的种类

1. 按股东权利分类

股票按股东权利不同可分为优先股、普通股、后配股。

1）优先股

优先股是享有优先权的股票。优先股的股东在利润分红及剩余财产分配的权利方面优先

于普通股。

（1）优先分配权。在公司分配利润时，优先股股东比普通股股东分配在先，但是享受固定金额的股利，即优先股的股利是相对固定的。

（2）优先求偿权。若公司清算，分配剩余财产时，优先股在普通股之前分配。当公司决定连续几年不分配股利时，优先股股东可以进入股东大会来表达他们的意见，保护他们自己的权利。

2）普通股

普通股是指在公司的经营管理和盈利及财产的分配上享有普通权利的股份，代表满足所有债权偿付要求及优先股东的收益权与求偿权要求后对企业盈利和剩余财产的索取权。普通股构成公司资本的基础，是股票的一种基本形式。在上海和深圳证券交易所进行交易的股票都是普通股。

普通股股东按其所持有股份比例享有以下基本权利：

（1）公司决策参与权。普通股股东有权参与股东大会，并有建议权、表决权和选举权，也可以委托他人代表其行使股东权利。

（2）利润分配权。普通股股东有权从公司利润分配中得到股息。普通股的股息是不固定的，由公司盈利状况及其分配政策决定。普通股股东必须在优先股股东取得固定股息之后才有权享受股息分配权。

（3）优先认股权。如果公司需要扩张而增发普通股股票时，现有普通股股东有权按其持股比例，以低于市价的某一特定价格优先购买一定数量的新发行股票，从而保持其对企业所有权的原有比例。

（4）剩余资产分配权。当公司破产或清算时，若公司的资产在偿还欠债后还有剩余，其剩余部分按先优先股股东、后普通股股东的顺序进行分配。

普通股与优先股权利的区别如表 4-1 所示。

表 4-1　普通股与优先股权利的区别

分类	普通股	优先股
权利	公司决策参与权	优先分配权
	利润分配权	优先求偿权
	优先认股权	
	剩余资产分配权	

3）后配股

后配股是在利益或利息分红及剩余财产分配时比普通股处于劣势的股票，一般是在普通股分配之后，对剩余利益进行再分配。如果公司的盈利巨大，后配股的发行数量又很有限，则购买后配股的股东可以取得很高的收益。发行后配股所筹指的资金不能立即产生收益，投资者的范围又受限制，因此利用率不高。

2．按票面形态分类

股票按票面形态不同可分为记名股和无记名股、面值股和无面值股。

1）记名股

这种股票在发行时，票面上记载有股东的姓名，并记载于公司的股东名册上。记名股票的特点就是除持有者和其正式的委托代理人或合法继承人、受赠人外，任何人都不能行使其股权。另外，记名股票不能任意转让，转让时既要将受让人的姓名、住址分别记载于股票的票面上，还要在公司的股东名册上办理过户手续，否则转让不能生效。

2）无记名股

这种股票在发行时，在股票上不记载股东的姓名。其持有者可自行转让股票，任何人一旦持有便享有股东的权利，无须再通过其他方式、途径证明自己的股东资格。这种股票转让手续简便，但也应该通过证券市场的合法交易实现转让。

3）面值股

面值股也称金额股票或面额股票，是指在股票票面上记载一定的金额，如每股人民币100元、200元等。金额股票给股票定了一个票面价值，这样就可以很容易地确定每一股份在该股份公司中所占的比例。

4）无面值股

无面值股也称比例股票或无面额股票，是指股票发行时无票面价值记载，仅表明每股占资本总额的比例。其价值随公司财产的增减而增减。因此，这种股票的内在价值总是处于变动状态。这种股票最大的优点就是避免了公司实际资产与票面资产的背离，因为股票的面值往往是徒有虚名，人们关心的不是股票面值，而是股票价格。发行这种股票对公司管理、财务核算、法律责任等方面要求极高，因此只有在美国比较流行，而有些国家根本不允许发行。

3．按投资主体分类

股票按投资主体不同可分为国有股、法人股、社会公众股。

1）国有股

国有股即国家持有的股票，是国家在该企业中控股，有利于宏观调控，同时国家也看好该企业，从中盈利并保证在企业有危难时给予其支持。

2）法人股

法人股是指法人（单位）以自有资金认购的股份或原集体企业的资产重估后折算成的股份。

3）社会公众股

社会公众股是一个相对于国家股和法人股的概念，在二级交易市场也就是我们说的证券市场上交易的都是社会公众股。国家股和法人股是不上市流通的股票，是以前国家的制度缺陷，为了不让所谓的"国有资源流失"造成的。从2005年4月进行了股权分置改革之后，慢慢地所有股票就要全流通，不存在什么国家股、社会公众股之说了。

4．按上市地点分类

股票按上市地点不同可分为A股、B股、H股、N股、S股。平常交易的是A股和H股。

A 股就是在深圳、上海两地主板上市的国内企业，深圳上市的股票代码以 000、001、002 开头，其中 002 开头的是中小板指数；上海上市的企业是以 600、601 开头，以人民币交易。

B 股仍然是在深圳、上海两地主板上市的国内企业，但是不以人民币交易，深圳是以港币交易，上海是以美元交易。

H 股就是在中国香港上市的内地企业，以国企为主，所以又称红筹股。

N 股和 H 股差不多，是境内企业在境外的纽约交易所上市，包括道琼斯指数和纳斯达克指数都有中国的企业。

S 股是指在境内主板上市的 A 股企业里正在进行股改的股票。如果是指那些核心业务在中国内地而企业的注册地在新加坡或其他地区，但是在新加坡交易所上市挂牌的企业股票的话，也可以叫 S 股。

三、股票交易

1. 交易时间

大多数股票的交易时间是：

交易时间 4 小时，分两个时段，周一至周五 9:30—11:30、13:00—15:00。

9:15 开始投资人就可以下单，委托价格限于前一个营业日收盘价的加减 10%，即在当日的涨跌停板之间。9:25 前委托的单子，在 9:25 时撮合，得出的价格便是所谓的"开盘价"。9:25—9:30 之间委托的单子，在 9:30 才开始处理。

如果你委托的价格无法在当日成交的话，那么下一个交易日则必须重新挂单。

休息日：周六、周日和上证所公告的休市日不交易。（一般为"五一"国际劳动节、"十一"国庆节、春节、元旦、清明节、端午节、中秋节等国家法定节假日。）

2. 交易费用

股票买进和卖出都要收佣金，买进和卖出的佣金由各证券商自定（最高为成交金额的 3‰），一般按成交金额的 1‰收取，佣金不足 5 元按 5 元收。

（股票交易费用）

卖出股票时收印花税：成交金额的 1‰（以前为 3‰，2008 年印花税下调，单边收取 1‰）。

2015 年 8 月 1 日起，深市、沪市股票的买进和卖出都要按照成交金额的 0.02‰收取过户费。

以上费用小于 1 分钱的部分，按四舍五入收取。

还有一个很少时间发生的费用：批量利息归本。相当于股民把钱交给了券商，券商在一定时间内返回给股民一定的活期利息。

交易费用的收取方式如表 4-2 所示。

表 4-2 交易费用的收取方式

佣金	各券商自定（成交金额的 0.08%～0.3%），一般为买、卖都是成交金额的 1‰，不足 5 元按 5 元收
印花税	买时为 0，卖时为成交金额的 1‰
过户费	按照成交金额的 0.02‰向买卖双方分别收取（深市、沪市均收取）

3.交易方式

股票的交易方式为竞价成交。

（1）竞价原则：价格优先、时间优先。价格较高的买进委托优先于价格较低的买进委托，价格较低的卖出委托优先于价格较高的卖出委托；同价位委托，则按时间顺序优先。

（2）竞价方式：9:15—9:25进行集合竞价；9:30—11:30、13:00—15:00进行连续竞价（对有效委托逐笔处理）。

（3）交易单位：股票的交易单位为"股"，100股=1手，委托买入数量必须为100股或其整数倍。

（4）基本交易规则：当委托数量不能全部成交或分红送股时可能出现零股（不足1手的为零股），零股只能委托卖出，不能委托买入。当日购买的股票不准卖出，可卖出的股票的资金当日可以买股票但不能提取现金。

举例：印花税的计算

（印花税历年的变动情况）

一位股民以19元买入A股票4000股，第二天以20元价格全部卖出，他应该缴纳多少元印花税？

印花税的计算公式为：股价×股票数量×印花税率，目前买入股票不缴纳印花税，卖出时征收印花税，20×4000×1‰=80（元）。

小故事中的 理财智慧

把一只牛蛙放在开水锅里，牛蛙会很快跳出来；但当你把它放在冷水里，它就不会跳出来，然后慢慢加热，起初牛蛙出于懒惰，不会有动作，当水温高到它无法忍受之时，就算想出来，也已经没有力气了。

股市里的牛蛙效应："牛蛙效应"在上轮大熊市中表现得最为明显：从6124点一路跌下来，大多数股民5500点时没人肯清仓，大家理解为牛市的正常回调，仍看到8000点、1万点；等跌到4000点时，心想5000点都没走，4000点凭什么走?大家不是都说牛市没改变嘛。等到3000点时，大家终于承认股市是走熊了，不过这里不是有政策底吗？破3000点的政策底时，大家这才开始恐慌了，股评都说会跌到2500点以下。但高位套牢的股民已经没有回天之力了。到这里发现自己被"温水煮了牛蛙"，股价被市场杀去了一大半。大家不要忘记，当股价慢慢回升，股市的回暖也是一样的"煮"法。等你感觉到了股市的温度，这时往往已经来不及追了。

思考：股票投资中要保持一种什么心态？

角色扮演

亲爱的同学们，我们可以为客户提供股票投资咨询服务了！

【实训目标】

解答客户咨询的问题。

【实训要求】

1. 运用所学知识为客户解答有关股票投资的问题；

2. 按照职业标准着装，热情接待客户；

3. 组建小组，每 2 人一组。

【实训内容】

1. 股民老张于 3 月 6 日以 9.5 元买入"特变电工（600089）"1 000 股。谁知股价一路下跌，为减少损失，老张于 3 月 12 日以每股 9 元的价格全部卖出，并以每股 15 元的价格买入"中视传媒（600088）"6 手，后于 3 月 17 日以 16.8 元全部卖出。这两次交易的损失与获利各是多少？请你帮老张测算一下。

2. 任务完成后填写评价表 4-3。

【实训过程】

讲解：_____

_____

_____

_____

计算：_____

_____

_____

_____

【实训评价】

根据评价要素，将个人的评分及说明填写在表 4-3 中。

表 4-3　评价表

评价项目	评价要素	分值	评分及文字评价
语言表达	使用专业术语准确	15分	
	解答条理清晰	15分	
	语言亲切、自然	5分	
	口齿清楚、表达流利	5分	
解决问题	计算公式正确	20分	
	计算结果正确	20分	
	结论明确	20分	
合　计		100分	

任务检测

1. 知识检测

（1）单选题

① （　　）是集中进行股票发行和买卖交易的场所。

A. 一级市场　　　　　　　　　　B. 上海证券交易所

C. 深圳证券交易所　　　　　　　D. 股票市场

② （　　）是指投资者委托买卖的股票、基金成交后买卖双方为变更股权登记所支付的费用。

A. 印花税　　　　　B. 佣金　　　　　C. 过户费　　　　D. 证券交易印花税

（2）多选题

① 股市的连续竞价时间为（　　）。

A. 9:15—9:25　　　　　　　　　　B. 9:30—11:30

C. 13:00—15:00　　　　　　　　　D. 14:57—15:00（深市）

② 股票投资的目的是（　　）。

A. 将储蓄转化为投资　　　　　　B. 将老百姓转化为投资者

C. 将投资转化为储蓄　　　　　　D. 将企业转化为投资者

2. 牛刀小试

【资料】

一位客户以 25 元的价格卖出"深万科 A（000002）"10 手，请问他需要缴纳多少元印花税？请帮这位客户测算一下。

【要求】

（1）选择正确的计算公式，并为客户做讲解；

（2）以小组为单位完成任务。

【操作记录】

_____

_____

_____

_____

_____

_____

拓展阅读

股票代码

　　股票代码是沪深两地证券交易所给上市股票分配的数字代码。这类代码涵盖所有在交易所挂牌交易的证券。熟悉这类代码有助于增加我们对交易品种的理解。A股代码：沪市的为600×××或60××××，深市的为000×××或001×××，中小板为00××××，创业板为300×××；两市的后3位数字均表示上市的先后顺序。B股代码：沪市的为900×××，深市的为200×××；两市的后3位数字均表示上市的先后顺序。

　　创业板的申购代码、上市代码都是30××××，增发为37××××，配股为38××××。

　　思考：你知道中小板股票的代码特点是什么吗？

任务二　策略选择股票

　　股票分析方法之间既相互联系，又有重要区别。相互联系之处在于：技术分析要有基本分析的支持，才可避免缘木求鱼；而技术分析和基本分析要纳入演化分析的框架，才能真正提高可持续生存能力。

任务导入

　　客户张先生了解了股票投资的特点，决定试一试。于是向你询问如何选择股票？你向张先生介绍了一些股票投资常用的分析方法。

知识准备

一、中国A股市场相关名词

（1）主板：主要针对大型蓝筹企业挂牌上市，分为上海证券交易所主板（股票代码以60开头）和深圳证券交易所主板（股票代码以000开头）。

（2）中小板：主要针对中型稳定发展，但是未达到主板挂牌要求的企业，属于深圳交易所的一个板块（股票代码以002开头）。

（3）创业板：主要针对科技成长型中小企业，属于深圳交易所的一个板块（股票代码以300开头）。

（4）新三板：是沪深交易所之后的第三家全国性证券交易场所，全称为全国中小企业股份转让系统，交易所位于北京（股票代码以8开头）。

（5）上证综合指数：以上海证券交易所挂牌上市的全部股票（包括A股和B股）为样本，以发行量为权数（包括流通股本和非流通股本），以加权平均法计算，以1990年12月19日为基日，基日指数定为100点的股价指数。

（6）深证成份股指数：从深圳证券交易所挂牌上市的所有股票中抽取具有市场代表性的40家上市公司的股票为样本，以流通股本为权数，以加权平均法计算，以1994年7月20日为基日，基日指数定为1000点的股价指数。

（7）涨跌停板：为防止证券市场的价格发生暴涨暴跌现象，1996年12月16日起，深沪证券交易所根据需要，固定股票买卖每日市价最高涨至（或跌至）上日收牌价的10%幅度。当天市价的最高上限称为"涨停板"，最低下限称为"跌停板"。

（8）打新股：根据深圳证券交易所竞价撮合规则，新股挂牌上市第一天集合竞价时，有一个上下限的设限，股民在填委托单时必须按照所设上下限的价格填写委托方成为有效委托。

二、常用股票分析方法

1. 基本分析法

基本分析法是以传统经济学理论为基础，以企业价值作为主要研究对象，通过对决定企业内在价值和影响股票价格的宏观经济形势、行业发展前景、企业经营状况等进行详尽分析，以大概测算上市公司的长期投资价值和安全边际，并与当前的股票价格进行比较，形成相应的投资建议。基本分析法认为股价波动不可能被准确预测，而只能在有足够安全边际的情况下买入股票并长期持有。

（1）股权结构：股份公司总股本中不同性质的股份所占的比例及其相互关系。股权即股票持有者所具有的与其拥有的股票比例相应的权益及承担一定责任的权利（义务）。基于股东地位（身份）可对公司主张的权利是股权。

股权结构是公司治理结构的基础，公司治理结构则是股权结构的具体运行形式。不同的

股权结构决定了不同的企业组织结构，从而决定了不同的企业治理结构，最终决定了企业的行为和绩效。

（2）股本大小：股本大且非流通股本小的话，机构投资者不易控盘，该股不易成为黑马；相反，股本小，而且非流通股本相对来说占有较大的比例，那么机构投资者很容易吸筹建仓，能快速拉升股价，成为黑马的概率较大。如果没有庄家的介入，股本大的价格波动相对股本小的价格波动要小一些。

（3）股东构成：股票价格通常与股东人数成反比，股东人数越少，则代表筹码越集中，股价越有可能上涨。

（4）财务状况：包括公司经营的获利能力、偿债能力、扩展经营能力、经营效率。

① 获利能力。公司利润的高低、利润额的增长速度是其有无活力、管理效能优劣的标志。作为投资者，在购买股票时，当然首先是考虑选择利润丰厚的公司进行投资。所以，分析财务报表，先要着重分析公司当期投入资本的收益性。

② 偿债能力。目的在于确保投资的安全。具体从两个方面进行分析：一是分析其短期偿债能力，看其有无能力偿还到期债务，这一点须从分析、检查公司资金流动状况来判断；二是分析其长期偿债能力的强弱，这一点是通过分析财务报表中不同权益项目之间的关系、权益与收益之间的关系及权益与资产之间的关系来进行检测的。

③ 扩展经营能力。即进行成长性分析，这是投资者选购股票进行长期投资最为关注的重要问题。

④ 经营效率。其主要是分析财务报表中各项资金周转速度的快慢，以检测股票发行公司各项资金的利用效果和经营效率。

总之，分析财务报表主要的目的是分析公司的收益性、安全性、成长性和周转性四个方面的内容。

（5）市盈率：某种股票每股市价与每股盈利的比率。市场广泛谈及的市盈率通常指的是静态市盈率，通常用来作为比较不同价格的股票是否被高估或低估的指标。用市盈率衡量一家公司股票的质地时，并非总是准确的。一般认为，如果一家公司股票的市盈率过高，那么该股票的价格具有泡沫，价值被高估。当一家公司增长迅速及未来的业绩增长被非常看好时，利用市盈率比较不同股票的投资价值时，这些股票必须属于同一个行业，因为此时公司的每股收益比较接近，相互比较才有效。

（6）每股收益：普通股股东每持有一股所能享有的企业净利润或需承担的企业净亏损。每股收益通常被用来反映企业的经营成果，衡量普通股的获利水平及投资风险，是投资者等信息使用者据以评价企业盈利能力、预测企业成长潜力，进而做出相关经济决策的重要财务指标之一。

（7）所属行业和发展前景：如果上市公司所在行业是国家扶持和鼓励的行业，那它的发展前景和投资预期都会增加。

2．技术分析法

技术分析法是以传统证券学理论为基础，以股票价格作为主要研究对象，以预测股价波动趋势为主要目的，从股价变化的历史图表入手，对股票市场波动规律进行分析的方法总和。

技术分析法从股票的成交量、价格、达到这些价格和成交量所用的时间、价格波动的空间几个方面分析走势并预测未来。技术分析法认为市场行为包容消化一切，股价波动可以定量分析和预测，目前常用的有 K 线理论、波浪理论、形态理论、趋势线理论和技术指标分析等。所有的技术分析都是建立在三大假设之上的。

（1）市场行为包容消化一切。这句话的含义是：所有的基础事件、经济事件、社会事件、战争、自然灾害等作用于市场的因素都会反映到价格变化中来。

（2）价格以趋势方式演变。

（3）历史会重演。

技术分析法包括以下三个方面的内容。

（1）指标类是根据价、量的历史资料，通过建立一个数学模型，给出数学上的计算公式，得到一个体现金融市场的某个方面内在实质的指标值，指标反映的内容大多是无法从行情报表中直接看到的，它可为我们的操作行为提供指导方向，常见的指标有平滑异同移动平均线（MACD）、随机指标（KDJ）、布林线（BOLL）、相对强弱指标（RSI）、乖离率（BIAS）等。

① 平滑异同移动平均线（MACD）如图 4-1 所示。MACD 是最常用的参考指标之一。利用收盘价的短期（常用为 12 天）指数移动平均线与长期（常用为 26 天）指数移动平均线之间的聚合与分离状况，对买进、卖出时机做出研判的技术指标。

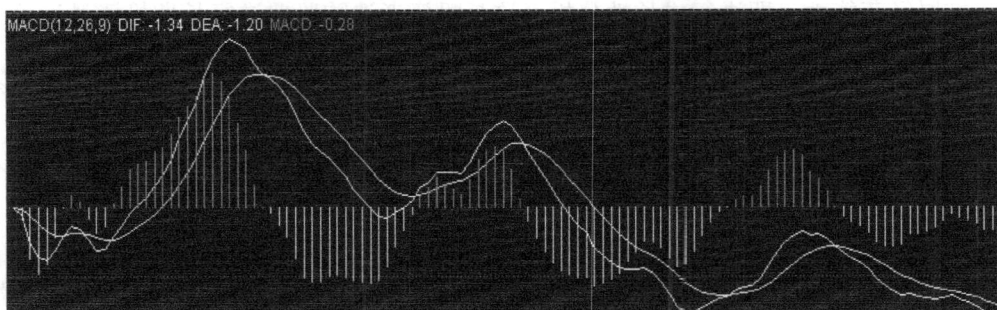

图 4-1　平滑异同移动平均线（MACD）

MACD 金叉：DIFF 由下向上突破 DEA，为买入信号。

MACD 死叉：DIFF 由上向下突破 DEA，为卖出信号。

MACD 绿转红：MACD 值由负变正，市场由空头转为多头。

MACD 红转绿：MACD 值由正变负，市场由多头转为空头。

DIFF 与 DEA 均为正值，即都在零轴线以上时，大势属多头市场，DIFF 向上突破 DEA，可作为买入信号。

DIFF 与 DEA 均为负值，即都在零轴线以下时，大势属空头市场，DIFF 向下跌破 DEA，可作为卖出信号。

当 DEA 线与 K 线趋势发生背离时为反转信号。

顶背离：当股价 K 线图上的股票走势一峰比一峰高，股价一直在向上涨，而 MACD 指标图形上由红柱构成的图形的走势是一峰比一峰低，即当股价的高点比前一次的高点高、而 MACD 指标的高点比指标的前一次高点低，叫作顶背离现象，如图 4-2 所示。

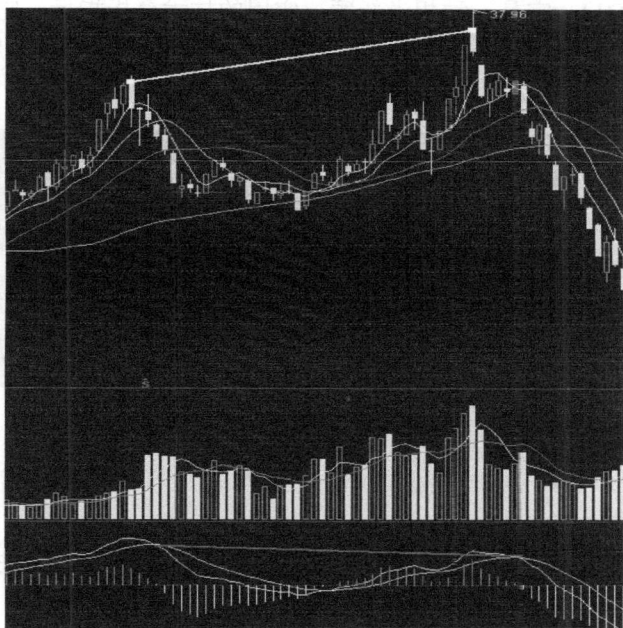

图 4-2 股价与 MACD 顶背离

底背离：当股价指数逐波下行，而 DIF 及 MACD 不是同步下降，而是逐波上升，与股价走势形成底背离，预示着股价即将上涨。如果此时出现 DIF 两次由下向上穿过 MACD，形成两次黄金交叉，则股价即将大幅度上涨，如图 4-3 所示。

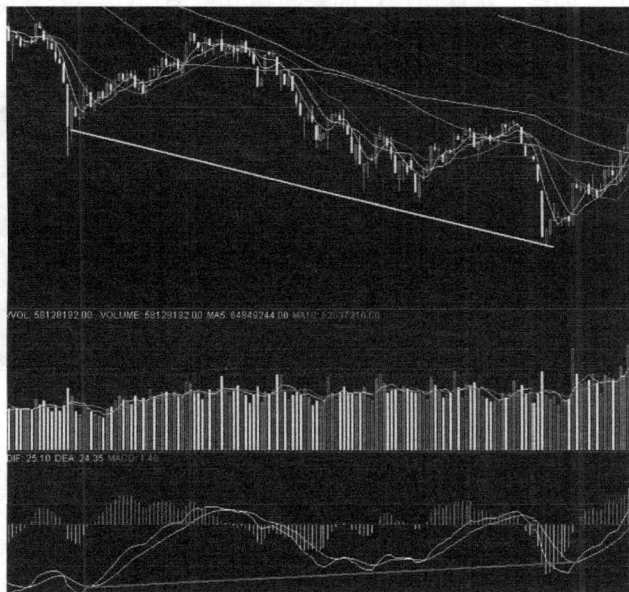

图 4-3 股价与 MACD 底背离

② 随机指标（KDJ）。它是一种相当新颖、实用的技术分析指标。它起先用于期货市场的分析，后被广泛用于股市的中短期趋势分析，是期货和股票市场上最常用的技术分析工具，如图 4-4 所示。

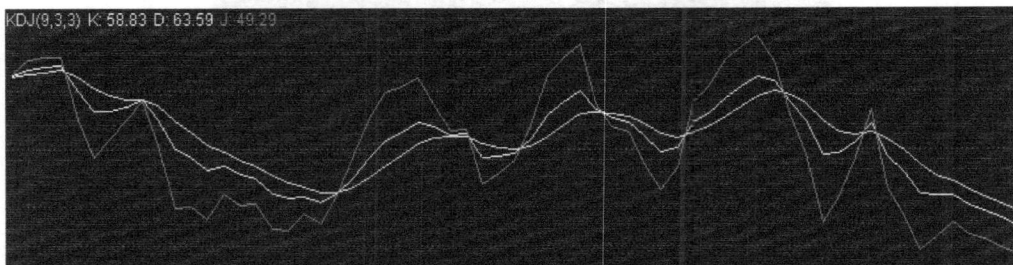

图 4-4　随机指标（KDJ）

K 值与 D 值永远介于 0～100 之间。D 值大于 70 时，行情呈现超买现象；D 值小于 30 时，行情呈现超卖现象。

K 值大于 D 值时，显示趋势是向上涨，因此 K 线突破 D 线时为买进信号；当 D 值大于 K 值时，趋势下跌，K 线跌破 D 线时为卖出信号。

随机指标不仅能反映出市场的超买、超卖程度，还能通过交叉突破发出买卖信号。

当随机指标与油价出现背离时，一般为转势的信号。

K 值和 D 值上升或下跌的速度减弱，倾斜度趋于平缓是短期转势的预警信号。

③ 布林线（BOLL）。布林线是先计算股价的"标准差"，再求股价的"信赖区间"。该指标在图形上画出三条线，其中上下两条线可以分别看成是股价的压力线和支撑线，而在两条线之间还有一条股价平均线，布林线指标的参数最好设为 20。一般来说，股价会运行在压力线和支撑线所形成的通道中，如图 4-5 所示。

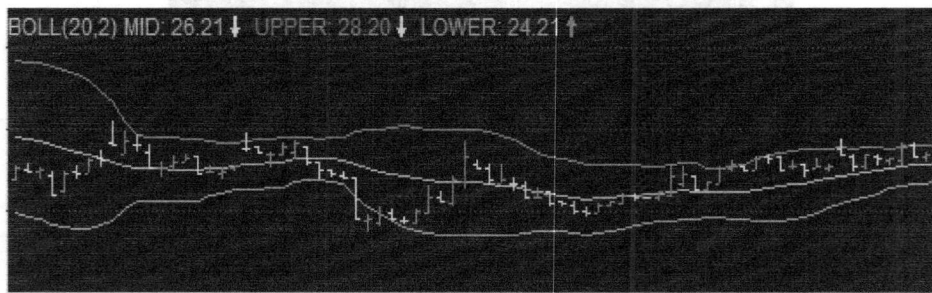

图 4-5　布林线

当股价穿越上限压力线（动态上限压力线，静态最上压力线 BOLB1）时，为卖点信号。

当股价穿越下限支撑线（动态下限支撑线，静态最下支撑线 BOLB4）时，为买点信号。

当股价由下向上穿越中界线（静态由 BOLB4 穿越 BOLB3）时，为加码信号。

当股价由上向下穿越中界线（静态由 BOLB1 穿越 BOLB2）时，为卖出信号。

（2）切线类是指按一定方法和原则，在根据价格数据所描绘的图表中画出一些直线，然后根据这些直线的情况推测价格的未来趋势，为我们的操作行为提供参考。常见的切线有趋

势线、轨道线、黄金分割线、甘特线、角度线等。

（3）形态类是根据价格图表中过去一段时间走过的轨迹形态来预测价格未来趋势的方法。价格走过的形态是市场行为的重要部分，从价格轨迹的形态中可以推测出证券市场处在一个什么样的大环境之中，由此对今后的投资给予一定的指导。主要的形态有 M 头、W 底、头肩顶、头肩底等十几种。

（4）K 线类是根据若干天的 K 线组合情况，推测金融市场中多空双方力量的对比，进而判断证券市场行情的方法。

（5）波浪理论是把价格的上下变动和不同时期的持续上涨、下跌看成波浪的上下起伏，认为价格运动遵循波浪起伏的规律，数清楚了各个浪就能准确地预见到跌势已接近尾声，牛市即将来临。波浪理论较之别的技术分析流派，最大的区别就是能提前很长时间预计行情的底和顶，而别的流派往往要等到新的趋势已经确立之后才能看到。

3．基本分析法和技术分析法的区别

（1）技术分析法着重于分析股票市价的运动规律，基本分析法侧重于分析股票的内在的投资价值。

（2）技术分析法主要分析股票的供需、市场价格和交易数量等市场因素；基本分析法则是分析各种经济、政治等股票市场的外部因素及这些外部因素与股票市场的相互关系。

（3）技术分析法是短期性质的；基本分析法则属于长期性质的。

（4）技术分析法可以帮助投资者选择适当的投资机会和投资方法；基本分析法有助于投资者正确地选择股票投资的对象。

4．政策面分析法

（1）宏观经济分析：研究经济政策（货币政策、财政政策、税收政策、产业政策等）、经济指标（国内生产总值、失业率、通胀率、利率、汇率等）对股票市场的影响。

（2）行业分析：分析产业前景、区域经济发展对上市公司的影响。

（3）国际形势：国际政治经济形势、欧美亚太等周边国家的经济情况及外围股市波动也都会对我国股市产生一定的影响。

三、K 线图

1．K 线图的起源

K 线图源于日本德川幕府时代，被当时日本米市的商人用来记录米市的行情与价格波动，后因其细腻独到的标画方式而被引入股市及期货市场。目前，这种图表分析法在我国以至整个东南亚地区均尤为流行。由于用这种方法绘制出来的图表形状颇似一根根蜡烛，加上这些蜡烛有黑白之分，因而也叫阴阳线图表。通过 K 线图，我们能够把每日或某一周期的市况表现完全记录下来，股价经过一段时间的盘档后，在图上即形成一种特殊区域或形态，不同的形态显示不同意义。我们可以从这些形态的变化中摸索出一些有规律的东西。K 线图形态可分为反转形态、整理形态及缺口和趋向线等。

2．K 线图的构成

它是以每个分析周期的开盘价、最高价、最低价和收盘价绘制而成。以绘制日 K 线为例，首先确定开盘和收盘的价格，它们之间的部分画成矩形实体。如果收盘价格高于开盘价格，则 K 线被称为阳线，用空心的实体表示；反之称为阴线，用黑色实体或白色实体表示。很多软件都可以用彩色实体来表示阴线和阳线，在国内股票和期货市场，通常用红色表示阳线，绿色表示阴线。K 线图经典图解如图 4-6 所示。

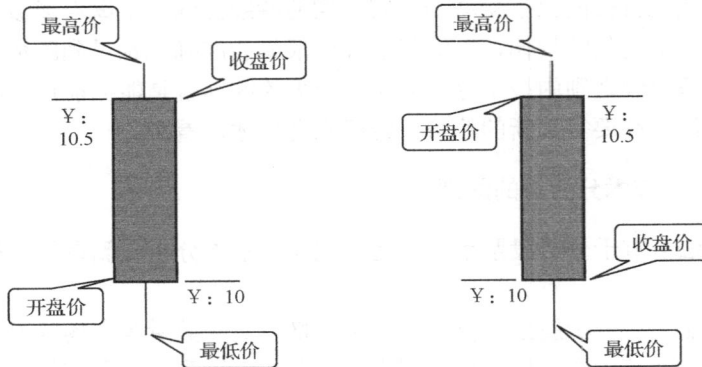

图 4-6　K 线图经典图解

K 线图反映的是某个时间股价的变化，这个"某个时间"可以是分钟、小时、天、周、月、年等不同时间周期，如图 4-7、图 4-8 所示。所以股票投资也可以分为短线投资、中线投资和长线投资。

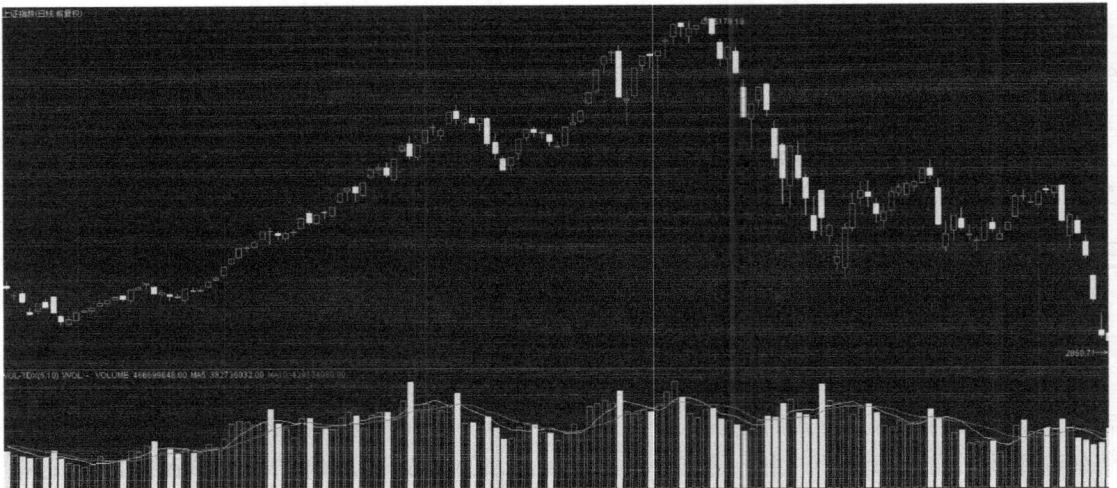

图 4-7　上证指数日 K 线图

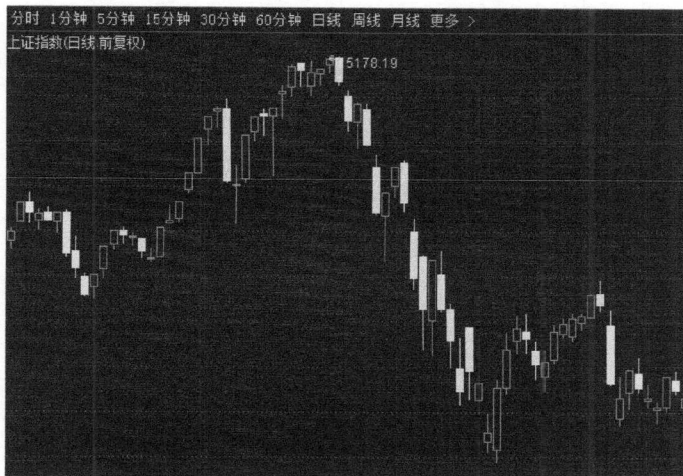

图 4-8　上证指数的时间周期

3．K 线图分析的三大要素

（1）阴阳数量代表整体趋势。
（2）实体大小表示内在动力和趋势强弱。
（3）影线长短反映转折意愿。影线越长，转折意愿越强烈。

4．有代表性的 K 线与 K 线组合

（1）长阴墓碑。在某只股票已经走过一段时间的上升趋势后，突然出现放量的大阴线，这种 K 线多出现在头部区域，投资者应果断出局，如图 4-9 所示。

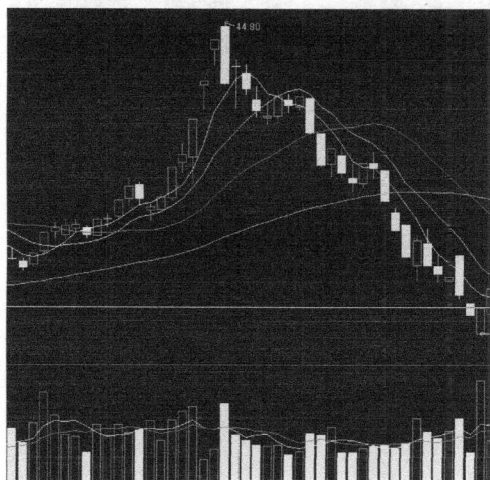

图 4-9　长阴墓碑

（2）三只乌鸦。在一段上升趋势后连续出现三根阴线，每日收盘价都向下跌。收盘价接近每日的最低价位，每日的开盘价都在上根 K 线的实体部分之内，一般预示着之后还有一段

时间的跌势，投资者应理性出局观望为好，如图 4-10 所示。

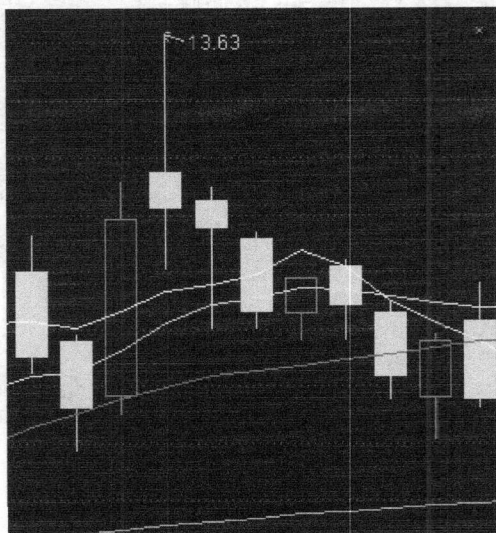

图 4-10　三只乌鸦

（3）红三兵。在连续阴线后的股价底部区域，经过较长时间的盘整，连续拉出三根阳线，是市场的强烈反转信号。在股票运行过程中连续出现三根阳线，每天的收盘价高于前一天的收盘价，每天的开盘价在前一天阳线的实体之内，每天的收盘价在当天的最高点或接近最高点，三根阳线实体部位一般等长，如图 4-11 所示。

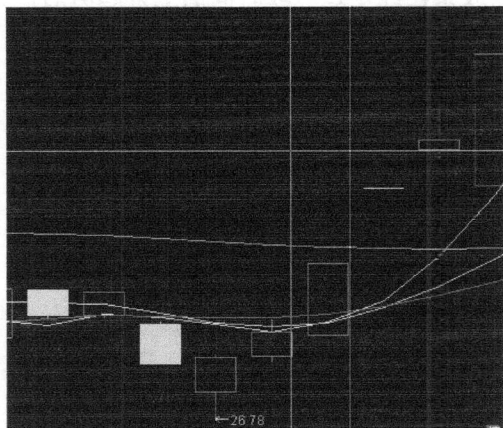

图 4-11　红三兵

四、量价关系

成交量是股票交易市场或个股买卖的交易总量。成交量也是价格变动的原动力。成交量的表现形式一般分为普通成交量、放量和缩量三种。如果是上涨放量、下跌缩量，称为量价配合；如果是上涨缩量、下跌放　（股票投资基本策略）

量，称为量价背离。量价关系如图 4-12 所示。具体可以分为以下九种。

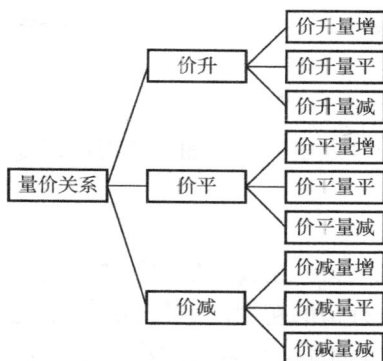

图 4-12　量价关系

1. 价升量增

价升量增主要是指个股（或大盘）在成交量增加的同时个股股价也同步上涨的一种量价配合现象。价升量增只出现在上升行情中，而且大部分出现在上升行情初期，也有小部分是出现在上升行情的中途。经过一轮较长时间的下跌和底部盘整后，市场中逐渐出现诸多利好因素，这些利好因素增强了市场预期向好的心理，换手逐渐活跃。随着成交量的放大和股价的同步上升，买股短期就可获收益。

2. 价升量平

其如果出现在上涨初期，可继续持有；如果出现在上涨途中，要谨慎持有；如果出现在上涨末期，要随时减仓。

3. 价升量减

价升量减主要是指个股（或大盘）在成交量减少的情况下个股股价反而上涨的一种量价配合现象。价升量减多出现在上升行情的末期，偶尔也会出现在下跌行情的反弹过程中。在持续的上升行情中，适度的价升量减表明主力控盘程度较高，大量流通筹码被主力锁定。但毕竟价升量减所显示的是一种量价背离的趋势，因此在随后的上升过程中如果出现成交量再次放大的情况，可能意味着主力在高位出货。

4. 价平量增

价平量增主要是指个股（或大盘）在成交量增加的情况下个股股价几乎维持在一定价位水平上下波动的一种量价配合现象。价平量增既可能出现在上升行情的各个阶段，也可能出现在下跌行情的各个阶段。如果股价在经过一段较长时间的下跌后处于低价位区时，成交量开始持续放出，股价却没有同步上扬，这种走势可能预示着有新的资金在打压建仓。一旦股价在成交量的有效配合下掉头向上，则表明底部已形成。

5．价平量平

一般应以观望为主。

6．价平量减

其如果出现在股价底部，应以观望为主；如果出现在反复拉升后，要果断卖出。

7．价减量增

价减量增主要是指个股（或大盘）在成交量增加的情况下个股股价反而下跌的一种量价配合现象。其大部分出现在下跌行情的初期，也有小部分出现在上升行情的初期。在下跌行情的初期，股价经过一段较大的上涨后，市场上的获利筹码越来越多，投资者纷纷抛出股票，致使股价开始下跌，这种高位价减量增现象是卖出的信号。

8．价减量平

一般应以观望为主。

9．价减量减

价减量减主要是指个股（或大盘）在成交量减少的同时个股股价也同步下跌的一种量价配合现象。价减量减现象既可能出现在下跌行情的中期，也可能出现在上升行情的中期。下跌行情中的价减量减表明投资者在出货后不再做"空头回补"，股价还将维持下跌，投资者应以持币观望为主。

五、波浪理论

股价的变化是有一定规律可循的。美国证券分析家拉尔夫·纳尔逊·艾略特利用美国的道琼斯工业平均指数作为研究工具，在不断探索中发现了著名的波浪理论。

他认为股价指数的上升和下跌将会交替进行，一般包括两种浪型——推动浪和调整浪。其中，推动浪（即与大市走向一致的波浪）可以再分割成五个小浪，一般用第一浪、第二浪、第三浪、第四浪、第五浪来表示；调整浪也可以划分成三个小浪，一般用 A 浪、B 浪、C 浪表示，如图 4-13 所示。

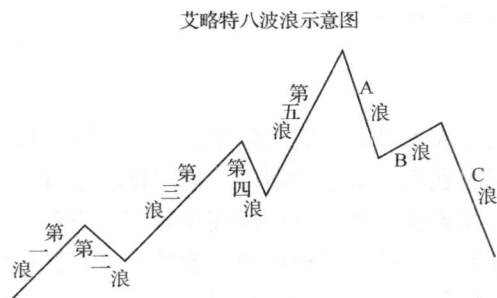

艾略特八波浪示意图

图 4-13　波浪理论

在上述八个波浪（五上三落）完毕之后，一个循环即告完成，走势将进入下一个八波浪循环；时间的长短不会改变波浪的形态，因为市场仍会依照其基本形态发展。波浪可以拉长，也可以缩短，但其基本形态永恒不变。总之，波浪理论可以用一句话来概括，即"八浪循环"。

小故事中的 理财智慧

佛下山游说佛法，在一家店铺里看到一尊释迦牟尼像，青铜所铸，形体逼真，神态安然，佛大悦。若能带回寺里，开启其佛光，记世供奉，真乃一件幸事，可店铺老板要价5 000元，分文不能少，加上见佛如此钟爱它，更加咬定原价不放。

佛回到寺里对众僧谈起此事，众僧很着急，问佛打算以多少钱买下它。佛说："500元足矣。"众僧唏嘘不止："那怎么可能？"佛说："天理犹存，当有办法，万丈红尘，芸芸众生，欲壑难填，得不偿失啊，我佛慈悲，普度众生，当让他仅仅赚到这500元！"

"怎样普度他呢？"众僧不解地问。

"让他忏悔。"佛笑答。众僧更不解了。佛说："只管按我的吩咐去做就行了。"

第一个弟子下山去店铺里和老板砍价，弟子咬定4 500元，未果回山。第二天，第二个弟子下山去和老板砍价，咬定4 000元不放，亦未果回山。

就这样，直到最后一个弟子在第九天下山时所给的价已经低到了200元。眼见着一个个买主一天天下去、一个比一个价给得低，老板很是着急，每一天他都后悔不如以前一天的价格卖给前一个人了，他深深地怨责自己太贪。到第十天时，他在心里说，今天若再有人来，无论给多少钱我也要立即出手。

第十天，佛亲自下山，说要出500元买下它，老板高兴得不得了——竟然反弹到了500元！当即出手，高兴之余另赠佛龛台一具。佛得到了那尊铜像，谢绝了龛台，单掌作揖笑曰："欲望无边，凡事有度，一切适可而止啊！善哉，善哉……"

思考：股票投资中要如何买卖？

角色扮演

亲爱的同学们，我们可以为客户提供股票投资咨询服务了！

【实训目标】
解答客户咨询的问题。

【实训要求】
1. 运用所学知识为客户解答有关股票投资的问题；

2．按照职业标准着装，热情接待客户；

3．组建小组，每2人一组。

【实训内容】

1．尝试用量价关系解释近3个月上证指数变化趋势。

2．任务完成后填写评价表4-4。

【实训过程】

讲解：

_____

_____

_____

计算：

_____

_____

_____

【实训评价】

根据评价要素，将个人的评分及说明填写在表4-4中。

表4-4　评价表

评 价 项 目	评 价 要 素	分值	评分及文字评价
语言表达	使用专业术语准确	15分	
	解答条理清晰	15分	
	语言亲切、自然	5分	
	口齿清楚、表达流利	5分	
解决问题	量价关系解释合理	20分	
	趋势判断准确	20分	
	结论明确	20分	
合　计		100分	

任务检测

1．知识检测

（1）单选题

①（　　）是指股票交易市场或个股买卖的交易总量。

A．买方量　　　　B．卖方量　　　　C．成交量　　　　D．交易量

② 在上涨初期"价升量增"，操作上一般不建议（　　）。

A．重仓介入　　　B．谨慎做多　　　C．深套割肉　　　D．谨慎持有

③ 在上涨末期"价升量减"，操作上一般不建议（　　）。

A. 重仓介入　　　　　B. 谨慎做多　　　　　C. 卖出锁定利润　　　D. 谨慎持有

（2）多选题

① K 线形态构成要素有（　　）。

A. 实体部分　　　　　B. 上影线　　　　　C. 下影线　　　　　D. 中影线

② 单根 K 线可以表示（　　）。

A. 开盘价　　　　　B. 收盘价　　　　　C. 最高价　　　　　D. 最低价

2. 牛刀小试

【资料】

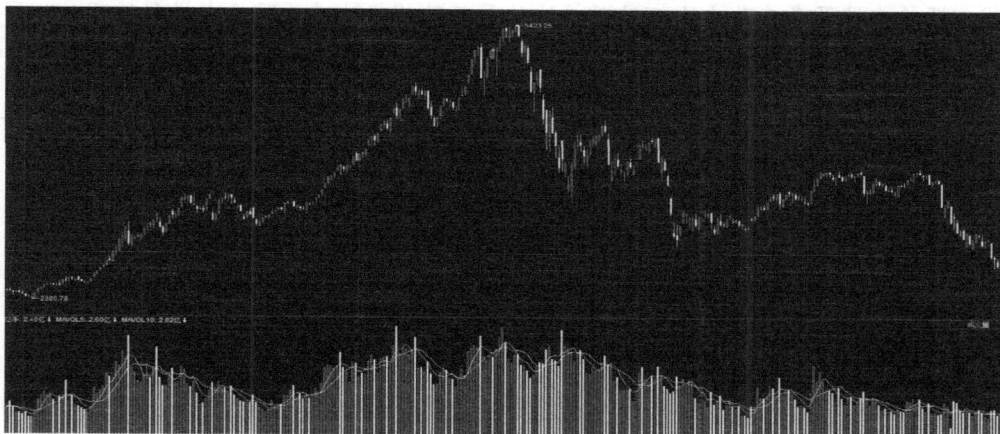

【要求】

（1）通过量价关系为客人做讲解；

（2）以小组为单位完成任务。

【操作记录】

_____

_____

_____

_____

_____

_____

✏ **拓展阅读**

趋势线

1. 所谓趋势线，就是根据股价上下变动的趋势所画出的线路，画趋势线的目的是依其脉络寻找出恰当的卖点与买点。趋势线可分为上升趋势线、下降趋势线与横向整理趋势线。

2. 股价在上升行情时，除了在连接股价波动的低点画一条直线外，也应在连接股价波动的高点画一条直线，于是股价便在这两条直线内上下波动，这就是上升趋势轨道。股价在下跌行情时，除了在连接股价波动的高点画一条直线外，也要在股价波动的低点画一条直线，股价在这两条直线内上下波动，这就是下跌趋势轨道。股价在横向整理时可形成横向箱形趋势线。

思考： 你能画出指数的趋势线吗？

项目五
未雨绸缪靠保险

知识目标

❖ 熟知保险中常用的名词；

❖ 掌握挑选保险产品的技巧；

❖ 学会与客户有效沟通；

❖ 初步树立咨询服务的职业意识。

任务一　揭秘保险

　　保险是指投保人根据合同约定向保险人支付保险费，保险人对于合同约定的可能发生的事故因其发生所造成的财产损失承担赔偿保险金责任，或者当被保险人死亡、伤残、疾病或达到合同约定的年龄、期限等条件时承担给付保险金责任的商业保险行为。

　　保险是以契约形式确立双方经济关系，以缴纳保险费建立起来的保险基金，对保险合同规定范围内的灾害事故所造成的损失进行经济补偿或给付的一种经济形式。

任务导入

　　李阿姨人过中年，她和爱人的收入水平不是很高，想到未来生活给家庭多一份保障，于是想为全家三口人购买保险，但李阿姨对保险不是很了解。请你帮助李阿姨了解保险的基本知识、投保及理赔注意事项、保障型保险品种及适用范围、理财型保险品种及适用范围。

知识准备

一、保险的基本知识

1. 保险的特征

　　（1）经济性。保险是一种经济保障活动，是整个国民经济活动的一个有机组成部分。其保障的对象（财产和人身）都直接或间接属于社会再生产中的生产资料和劳动力两大经济要素；其实现保障的手段，最终都必须采取支付货币的形式进行补偿或给付；其保障的根本目的，无论从宏观的角度还是微观的角度，都是为了发展经济。

　　（2）互助性。保险具有"一人为众，众为一人"的互助特性。它在一定条件下，分担了个别单位和个人所不能承担的风险，从而形成了一种经济互助关系。这种经济互助关系通过保险人用多数投保人缴纳的保险费建立的保险基金对少数遭受损失的被保险人提供补偿或给付而得以体现。

　　（3）法律性。从法律角度来看，保险是一种合同行为，是依法按照合同的形式体现其存在的。保险双方当事人要建立保险关系，其形式是保险合同；保险双方当事人要履行其权利和义务，其依据也是保险合同。没有保险合同，保险关系就无法成立。

　　（4）科学性。保险是一种科学处理风险的有效措施。现代保险经营以概率论和大数法则等科学的数理理论为基础。保险费率的厘定、保险准备金的提存等都是以精密的数理计算为依据的。

2. 商业保险与社会保险

　　社会保险是国家政府通过立法形式，采取强制手段对全体公民或劳动者因遭遇年老、疾

病、生育、伤残、失业和死亡等社会特定风险而暂时或永久失去劳动能力、失去生活来源或中断劳动收入时的基本生活需要提供经济保障的一种制度。其主要包括养老保险、医疗保险、失业保险、生育保险和工伤保险。

这里，商业保险与社会保险的比较主要是人身保险与社会保险的比较。两者都是以风险的存在为前提，以概率论和大数法则为制定保险费率的数理基础，以建立保险基金为提供经济保障物质基础的。

商业保险与社会保险的区别如表 5-1 所示。

表 5-1　商业保险与社会保险的区别

经营主体不同	商业保险的经营主体是商业保险公司；而社会保险可以由政府或其设立的机构办理，也可以委托金融经营机构代管。我国经办社会保险的机构是由劳动和社会保障部授权的社会保障机构
行为依据不同	商业保险是以合同实施的民事行为，而社会保险是依法实施的政府行为
实施方式不同	商业保险合同的订立贯彻平等互利、协商一致、自愿订立的原则；而社会保险具有强制实施的特点
适用的原则不同	商业保险是以合同体现双方当事人关系的，双方的权利和义务是对等的，多投多保，少投少保，不投不保；而社会保险是以贯彻国家的劳动政策和社会政策为宗旨的，强调社会公平的原则，投保人的交费水平和保障水平的联系并不紧密
保障目标不同	商业保险的保障目标是在保险金额限度内对保险事故所致损害进行保险金的给付，可以满足生存、发展与享受的各个层次的需要；社会保险的保障目标是通过社会保险金的支付保障社会成员的基本生活需要，即生存需要
保费负担不同	投保人承担商业保险的全部保险费；社会保险的保险费通常由个人、企业和政府三方共同负担

3. 保险与储蓄

保险与储蓄都是为将来的经济需要进行资金积累的一种形式，尤其是人身保险的生存保险和两全保险的生存部分，几乎与储蓄难以区分。

保险与储蓄的区别如表 5-2 所示。

表 5-2　保险与储蓄的区别

消费者不同	保险的消费者必须符合保险人的承保条件，经过核保可能会有一些人被拒保或有条件地承保；储蓄的消费者可以是任何单位或个人，一般没有特殊条件的限制
计算技术要求不同	保险是集合多数经济单位所交的保险费以备将来赔付用，其目的在于风险的共同分担，且以严格的数理计算为基础
受益期限不同	保险的赔付是不确定的，无论已经交付多少保费和交付时间的长短，只有保险事故发生时，被保险人才能领取保险金；储蓄支付是确定的，存款人可获得本金，并且随着时间的推移领取利息
行为性质不同	保险是互助互济的行为，是自力与他力的结合；储蓄则是个人行为，无求于他人
消费目的不同	保险消费的主要目的是应付各种风险事故造成的经济损失；而储蓄的主要目的是将一部分财产留作未来准备

二、投保及理赔注意事项

1．投保的注意事项

投保注意事项如表 5-3 所示。

表 5-3　投保注意事项

按需投保	尽可能地保障好身边的人，做到家庭全面保障，否则保障失衡，保险的意义也就缺失。尽可能地优先规划家庭主要收入来源者的保障问题
不要对投资收益期望过高	很多消费者在投保分红险时都错误地抱有比银行存款高得多的预期，往往一听说有很高的回报就匆匆投保。这显然是不理性的投保行为，更是一种危险的投保行为
先保障后投资	先保障（意外、医疗、重大疾病）后投资（养老、教育、理财等），合理地买保险要考虑诸多因素：年龄、性别、年收入、年支出、年结余、目前还有哪些保障、是否有贷款、是否有投资（股票、基金、债券、房产等），孩子的教育、老人的赡养……要根据这些合理规划设计方案。因为保险一买就是几年缴费期，所以不要因为这些不确定的因素影响我们未来的生活质量。一定要考虑全面，因为保险缴费是和年龄直接挂钩的，年龄越大，费用越高，保障时间越短
进行合理的投资组合	不要将所有的资金都投入到一个保险品种上。投保应根据家庭成员的需求选择保险产品，而不能照抄照搬别人的投保选择。另外，投保比例占整个家庭收支结余的 10%～20%为宜

2．保险理赔的注意事项

保险理赔注意事项如表 5-4 所示。

表 5-4　保险理赔注意事项

正确认识保险产品	对保险责任的理解和认识的误区是导致理赔产生争议与纠纷最多的因素之一。由于投保时对自身的需求和保险责任没有足够的理解，等到发生事故后才知道所发生的事故不在保障范围内，不能获得赔偿，情绪难免激动
及时报案	保险事故发生后，要通过电话、书面、传真等形式及时通知保险公司并提出给付保险金申请
定点医院	根据保险合同约定，前往保险公司指定的定点医院进行诊治。若因特殊原因不能到保险公司的定点医院诊治，需及时通知保险公司，并得到保险公司的同意，否则将有可能给后续的理赔带来不便和损失
诊治项目和药品	根据保险合同的约定，消费者的各项医疗费用，需符合当地社会医疗保险（含公费）管理部门的规定。如投保费用型医疗保险，就诊时要提示医生自身的保险情况。对于在医疗机构发生的各项费用，除收据原件外，还要保存好所有费用的明细，保险公司在办理理赔时通常需要审核费用明细以确定是否属于保险责任
准备好必需的申请文件	给付申请书、保险单、最近一次缴费凭证、相关人员的身份证明、保险合同约定的其他证明文件
索赔时效	保险索赔必须在索赔时效内提出，超过时效，被保险人或受益人不向保险人提出索赔，不提供必要单证，视为放弃权利。同时险种不同，时效也不同。如我国《保险法》第26条规定：人寿保险的索赔时效为 5 年；其他保险的索赔时效为 2 年。索赔时效应当从被保险人或受益人知道保险事故发生之日算起

续表

受益人要明确	保险金受益人是保险公司支付赔款的对象，保险公司在支付前会严格审核受益人的资料以避免发生给付差错
保持通畅的联系渠道	消费者发生保险事故后，请保持所留联系电话（手机、座机）处于通畅，所留联系地址正确无误，以确保保险公司能够及时与您取得联系

三、保障型保险与理财型保险

保障型保险是一种传统保险。这种保险的特点是保障高、费用低，只要投入不多的保费就能为被保人提供一份切实有效的保障，所以受到许多人的喜爱。其实所有的保险都有保障功能，只不过侧重点不同而已。

理财型保险是兼具保险和投资理财双重功能的险种。目前，中国市场理财型保险主要有三类：分红险、万能险、投连险。

保障型保险和理财型保险的构成如图 5-1 所示。

图 5-1　保障型保险和理财型保险的构成

消费者可以结合自身的实际需求进行选择，但是不要忘了买保险首先买的是保障，不能只顾着理财而忘记了保障自身。

（十大保险公司）

小故事中的理财智慧

　　2007 年"6·15"九江大桥船撞桥梁的事故，当时各方专家云集九江大桥，给这一重大事故进行"会诊"。在得知有四辆汽车坠江之后，保险公司也立即派人赶赴现场，采取快速理赔措施。"6·15"事故的第一宗赔案已经结案，贾先生的货车是坠江汽车中的一辆，贾先生曾向人保财险投保车损险和车上人员责任险，现理赔款 6.2 万元已交到家属手中。这一事故同时也给广大车主提了个醒，"天有不测风云，人有旦夕祸福"，汽车一旦上路就存在风险。

　　思考：贾先生的货车为什么能够迅速得到理赔，从中你有什么体会？

角色扮演

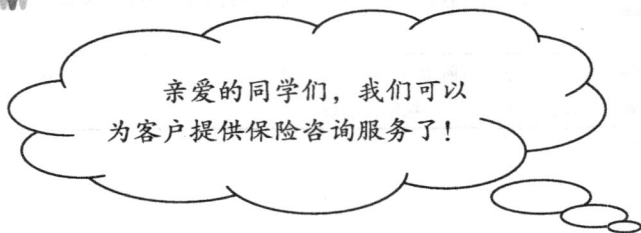

亲爱的同学们，我们可以为客户提供保险咨询服务了！

【实训目标】

解答客户咨询的问题。

【实训要求】

1．运用所学知识为客户解答有关保险的问题；

2．按照职业标准着装，热情接待客户；

3．组建小组，每 3 人一组。

【实训内容】

1．张先生单位入了社会保险，但他觉得保障不是很全面，想给自己入一份商业保险，但张先生对商业保险不是很了解。请一起帮助张先生了解保险的基本知识、投保及理赔注意事项、保障型保险品种及适用范围、理财型保险品种及适用范围。

2．任务完成后填写评价表 5-5。

【实训过程】

讲解：_____

_____

_____

_____

_____

【实训评价】

根据评价要素，将个人的评分及说明填写在表 5-5 中。

表 5-5　评价表

评 价 项 目	评 价 要 素	分值	评分及文字评价
语言表达	使用专业术语准确	10 分	
	解答条理清晰	10 分	

续表

评 价 项 目	评 价 要 素	分值	评分及文字评价
语言表达	语言亲切、自然	5分	
	口齿清楚、表达流利	5分	
解决问题	能叙述保险基础知识	20分	
	理解投保及理赔注意事项	20分	
	能够为客户解答保障型保险品种及适用范围	15分	
	能够为客户解答理财型保险品种及适用范围	15分	
合　　计		100分	

任务检测

1．知识检测

（1）填空题

① 目前中国市场理财型保险主要有三类：＿＿＿＿＿＿＿、＿＿＿＿＿＿＿＿＿、＿＿＿＿＿＿＿。

② 保险的特征是＿＿＿＿＿＿＿、＿＿＿＿＿＿＿、＿＿＿＿＿＿＿、＿＿＿＿＿＿＿。

（2）简答题

① 投保的注意事项有哪些？

_____

_____

_____

② 保险理赔的注意事项有哪些？

_____

_____

_____

2．牛刀小试

【资料】

客户李先生想为刚出生的孩子入一份保险，但李先生对保险不是很了解。

【要求】

（1）请为李先生做出讲解，使其了解保险；

（2）以小组为单位完成任务。

【操作记录】

_____

_____

_____

_____

_____

_____

拓展阅读

有两对夫妻，其中老公都是同一单位的职工，经常一起上班、一起出差、一起回来。

王先生经常会在出差之前对他的爱人说："亲爱的，你放心，回来时我会给你买化妆品、香水，给孩子买最好的玩具、书包。只要有我在，你和孩子都一定会幸福！"

白先生也经常在出差前对他的爱人说："亲爱的，请放心，我为你和孩子准备了足够的钱（保险保障），万一我出差没回来，或是……你和孩子的生活不用担心，会有一位和我一样的人来照顾你们，不管我在不在，我都会好好地照顾你和孩子，让你们幸福！"

有一天，两个人又一起出差，两个人说同样的话给爱人听，可他们这一次在路上遇到了意外，没能回来。

后来，王先生的太太开始变卖先生生前留给她的衣物、首饰，过了些日子，她改嫁了，孩子留给了爷爷奶奶。

白先生的爱人每年、每月不断地领取白先生留给她和孩子的生活费（保险金，就相当于一个人仍然在世继续工作时赚来的钱，不是吗？），并告诉孩子："你爸爸出远门了，他临走前就为我们安排好了一切！"

思考： 请你谈谈对王先生和白先生做法的感受。

任务二　挑选保险产品

保险的作用不仅表现在经济补偿上，它最基本的作用是转移风险。通过购买保险，投保人将风险转移给保险人。保险人将风险承担下来，同时向投保人收取一定的保险费。这样投保人可以花少量的钱就把风险转移出去了，解除了生活、生产等活动中的后顾之忧。例如，住房抵押贷款保险使发放住房抵押贷款的银行能维护其贷款的利益，这样住房抵押贷款才能顺利地开展，房屋的开发商才能顺利地销售住房。又如，货物运输保险使出口商能保证出口

商品的经济利益，这样出口商才能顺利地出口商品。保险发挥其转移风险的作用，促进了生产与贸易活动的发展和繁荣。

任务导入

李阿姨通过业务人员的讲解初步明白了保险，并想给全家人各入一份保险，请为李阿姨全家挑选适合的保险产品。

知识准备

一、保险合同的主体

保险合同的主体分为保险合同当事人、保险合同关系人和保险合同辅助人三类。保险合同主体分类如表 5-6 所示。

表 5-6　保险合同主体分类

保险合同当事人	保险人	也称为承保人，是与投保人订立合同，收取保险费，在保险事故发生时对被保险人承担赔偿损失责任的人。在我国专指各类保险公司。保险人经营保险业务除必须取得国家有关管理部门授予的资格外，还必须在规定的业务范围内开展经营活动
	投保人	又称要保人、保单持有人，是指与保险人订立保险合同，并负有交付保险费义务的人
保险合同关系人	被保险人	保险事故或事件在其财产或身体上发生并受到损失时享有向保险人要求赔偿或给付的人。被保险人可以是自然人、法人，也可以是其他社会组织
	受益人	保险金领受人，是指在人身保险合同中由被保险人或投保人指定的享有赔偿请求权的人
保险合同辅助人	保险代理人	保险人的代理人，指依保险代理合同或授权书向保险人收取报酬，并在规定范围内以保险人名义代理经营保险业务的人
	保险经纪人	基于投保人的利益，为投保人和保险人订立合同提供中介服务，收取劳务报酬的人。保险经纪人的劳务报酬主要由保险公司按保险费的一定比例支付，但相关规定是可以从被保险人处获得"咨询费"等收入

举例：投保人、被保险人和受益人之间的关系

假设王女士给爱人张先生投保了一份终身寿险，受益人为自己的儿子小张。在这份保险中，投保人为王女士，被保险人为张先生，而受益人为她的儿子小张。又假设，王女士给自己投保了一份养老保险，受益人是自己，在这份保险中，投保人、被保险人和受益人都是王女士本人。再假设，王女士给自己的儿子买了一份教育储蓄险，在这份保险中，投保人是王女士，而被保险人和受益人为她的儿子小张。

通过上面的例子请大家谈谈投保人、被保险人和受益人之间的关系。

（1）投保人是指与保险人订立保险合同，并按照保险合同负有支付保险费义务的人。投保人可以是自然人，也可以是法人。

（2）被保险人是指根据保险合同，其财产利益或人身受保险合同保障，在保险事故发生后享有保险金请求权的人。投保人往往同时就是被保险人。

（3）受益人又称"保险金领取人"，是指由被保险人或投保人指定，在保险事故发生或约定的保险期限届满时，依照保险合同享有保险金请求权的人。

投保人、被保险人和受益人可以是同一个人，也可以是不同的人。

二、保险的购买阶段

1．童年阶段

当今社会的教育费用不断上扬，事先给孩子准备一笔未来的教育经费，是家长们不得不考虑的问题。购买带有储蓄功能的少儿保险，可以缓解未来孩子教育费用支付的压力。另外，由于儿童抵御外界风险能力较低，容易发生疾病或意外，所以也应该给孩子购买一定的医疗保险和意外保险。

2．学生时代

这一阶段家庭收入和支出都趋向高峰，因为孩子年纪小时购买保险的保费会比较便宜，因此可留下一部分钱为孩子购买储蓄型保险，使孩子在成长过程中形成良好的风险意识和储蓄习惯。另外，由于学生时代精力最为旺盛，安全意识不强，喜欢各类运动，发生意外的概率比较大，可以给孩子购买附加意外险并搭配一定的医疗保障的保险。孩子上学期间一般还购买学生团体意外险和医疗险。

3．踏入社会

这个时期普遍没有家庭经济压力，但收入尚不稳定，风险主要来自意外伤害和疾病，可以购买定期寿险或终身寿险，并配以意外伤害保险和医疗险。由于刚刚参加工作，积蓄不多，医疗保险要选择含"重大疾病提前给付"的险种，一旦偶患重大疾病可先行取得一部分保险赔偿金以支付庞大的医疗费用。如果经济上较为宽裕，还可以选择购买一定的养老保险，既可以养成节俭和储蓄的习惯，又可以利用年轻时保费较低的时机为将来准备一份保障。

4．单身一族

经历了一段时间的努力，此时事业小有成就，有了一定的经济基础，对未来的生活也充满希望，此时的保险设计原则应以长远计划为主。由于生活费用支出尚未达到最高峰，买保险可以首选综合意外医疗保险。这类保险费率低，并且可以针对意外提供高额身价保障，并能够附加意外医疗和住院医疗，可有效补充城镇医疗报销不足的空缺。另外，根据自身情况适当选择补充重大疾病保险来转移未来高额医疗费用带来的负担。

　　与孩子和老人不同，年轻人为了事业经常在外奔波，出现意外的可能性也比较大，而一旦遇到健康方面的问题，经济来源也会中断，因此要先给自己购买意外险和健康险。

　　否则，即使购买了投资型的保险，当意外和疾病来临时才会发现，要么是买的保险"不管用"，要么是保额太少不够应急，最终使父辈家庭陷入经济危机。

　　经济允许的情况下还可以购买终身寿险和医疗保险，另外定期返还一类的保险产品可帮助你养成储蓄的习惯，积累婚嫁金和创业金；也可适当考虑给付型的养老保险，以提早安排自己的养老计划。不过未婚人士对于保障类保险规划的支出，一般不超出自己年收入的20%为宜。

5．新婚宴尔

　　结婚是人生的一大转折，也是保险需求升高的第一阶段。对于夫妻双方都应充分考虑一下整个家庭的人生风险，夫妻任何一方如果遭遇意外或疾病困扰，都会对另一方甚至自己的父辈造成莫大的伤害，因此这一时期的保险设计原则应是以家庭主要经济支柱为主，首先考虑投保保障性高的终身寿险、定期寿险，并附以一定的医疗保险、意外伤害保险。如果在单身阶段已经购买了保险，此时可以适当提高保障的金额。另外，也可以尽早安排未来的养老计划。如果经济允许的话，还可考虑选择投资分红类险种作为理财计划的一部分。与单身一族不同的是，如果经济状况较好，可以增加主险的种类、比重和金额以获得更多的分红。

6．三口之家

　　"421"已成为目前主流的家庭结构。这种家庭保障结构抵御风险的能力非常差，一旦夫妇二人遭遇风险，家庭经济马上出现危机，老人和孩子的生活无法保障，保险也很有可能中止。

　　这个阶段父母的事业均达到高峰，但对孩子的抚养和教育也将成为家庭中最重要的部分，因此这一阶段是人生责任最重也是保险需求最高的时候。现代城市家庭中，大多是父母加独生子女的模式，许多人关心的是为孩子买保险，似乎为孩子买了终生寿险，才算是为孩子买了一份平安。可是，孩子真的是最需要保险的人吗？

　　当然，孩子是最需要有经济保障的人，却不是最需要购买保险的人。最需要保险的人是父母，也就是家庭的主要经济支柱，因为一旦有一方发生意外，会对整个家庭的生活水平带来非常大的影响。

三、保险的购买顺序

买保险，顺序很重要

家庭中的主要经济支柱

应考虑到如果遭遇意外和疾病，如何保障自己和家庭的基本生活保障，缓解由此带来的家庭生活危机，建议首先考虑购买含重大疾病的保障型险种，并附以较高比例的意外伤害保险和医疗保险。如果已经有意外伤害保险和保障型险种，也应适当提高保险金额。

孩子

为孩子的教育基金尽早做出合理安排，对中国父母来说这是人生的重要责任。相对来说，所缴保费较少，保障相对较高。

另外，经济允许的情况下可投保一定的养老保险，对自己的晚年生活做好规划，并可考虑选择投资分红类险种作为理财计划的一部分。购买保险应根据轻重缓急来确定购买什么保险产品。人生中的风险主要有意外、疾病和养老。其中最难预知和控制的就是意外和疾病，因此首先要考虑能够保障这两方面的险种。

四、选择利益最大化的保险缴费方式

保险缴费方式是指被保险人或投保人向保险人缴纳保费的方式。人寿保险费的缴费方式有趸缴和分期缴付两种。趸缴就是投保人将保费一次缴清，分期缴付一般按年、半年、季或月缴付，方式很多，投保人可以根据职业稳定状况及收入情况选择不同的方式。保险缴费方式对比如表5-7所示。

表 5-7　保险缴费方式对比

保险交费方式		优　点	缺　点
趸缴	投保人将保费一次缴清	手续简单	要求投保人一次缴纳数目很大的保费，一般的投保人难以负担
分期缴付	一般按年、半年、季或月缴付	方式很多，投保人可以根据职业稳定状况及收入情况选择不同的方式	手续相对烦琐

在缴费方式上，并不主张消费者用"终身缴费"的方式来投保，义务期太过于漫长，一般人都不太容易接受。另外，投保意外、健康类险种，基本上很少有图回报的想法，购买定期寿险，选择二三十年的缴费期，用较少的投入，将可能因意外、重大疾病而发生的重大家庭经济损失风险转由保险公司来承担是比较合理的。

举例：

一个普通的三口之家，爸爸月薪 15 000 元，妈妈月薪 8 000 元，有一个 5 岁的孩子，家里有 90 万元的房贷，每月需要还房贷 4 000 元，孩子上学费用 3 000 元左右，赡养双方老人共 2 000 元，还有其他开销每月 4 000 元左右，他们应选择哪种保险缴费方式？

对于普通三口之家，收入比较稳定，应该选择分期缴付方式，这样可以减轻家庭经济上的压力。

（人身保险和财产保险的区别）

小故事中的 理财智慧

宋阿姨一年前刚做心脏搭桥手术，最近宋阿姨右脚血管肿大，也是良性肿瘤需要手术。记得刚进入保险公司，我听说她身体很累，喘不上气来，我提醒她先买份保险，她立刻说不要乌鸦嘴，买保险有什么用啊，没想到没过几个月她体检出心脏要做手术。

她家的经济条件一般，丈夫收入还好，但一个人承担四个人的开支，压力很大。她连续两次住院负债了几万元，当初宋阿姨也不大，那时候四十多岁，买一份住院医疗和大病消费险也才两三千元。这次来我和她说"当初让你买一份保险说没有用，骗人的，本来可以报销，你也不用借钱了"。每次住院花几万元，农村医疗也才报销几千元，宋阿姨说"谁能算出来自己什么时候生病啊"，我说"既然算不出来自己什么时候生病，保险还要拖延，还排斥吗？"她说"现在说这么多有用吗？"

思考：宋阿姨当年如果购买保险，现在的情景又是怎样的呢？请你想一想，谈一谈。

角色扮演

亲爱的同学们，我们可以为客户挑选合适的保险产品了！

【实训目标】

解答客户咨询的问题。

【实训要求】

1. 运用所学知识为客户解答有关保险的问题；

2. 按照职业标准着装，热情接待客户；

3. 组建小组，每 3 人一组。

【实训内容】

1. 张先生通过业务人员的讲解初步了解了保险，现在他想为一家三口人各入一份保险，我们如何为其挑选合适的保险产品？

2. 任务完成后填写评价表 5-8。

【实训过程】

讲解：_____

_____

_____

_____

_____

【实训评价】

根据评价要素，将个人的评分及说明填写在表 5-8 中。

表 5-8　评价表

评 价 项 目	评 价 要 素	分值	评分及文字评价
语言表达	使用专业术语准确	15 分	
	解答条理清晰	15 分	
	语言亲切、自然	5 分	
	口齿清楚、表达流利	5 分	
解决问题	能根据客户的情况挑选适合的保险产品	20 分	
	能够为家庭成员合理安排购买保险顺序	20 分	
	能够清楚介绍保险的最佳缴费方式	20 分	
合　　计		100 分	

任务检测

1. 知识检测

（1）填空题

① 人寿保险保费的缴费方式有_____和_____。

② 保险合同的主体分为＿＿＿＿＿＿＿、＿＿＿＿＿＿＿和 ＿＿＿＿＿＿＿三类。

（2）简答题

① 投保人都应具备哪些条件？

＿＿＿＿＿＿＿＿＿＿＿＿＿＿＿＿＿＿＿＿＿＿＿＿＿＿＿＿＿＿＿＿＿＿＿＿

＿＿＿＿＿＿＿＿＿＿＿＿＿＿＿＿＿＿＿＿＿＿＿＿＿＿＿＿＿＿＿＿＿＿＿＿

＿＿＿＿＿＿＿＿＿＿＿＿＿＿＿＿＿＿＿＿＿＿＿＿＿＿＿＿＿＿＿＿＿＿＿＿

② 保险代理人与保险经纪人之间的区别是什么？

＿＿＿＿＿＿＿＿＿＿＿＿＿＿＿＿＿＿＿＿＿＿＿＿＿＿＿＿＿＿＿＿＿＿＿＿

＿＿＿＿＿＿＿＿＿＿＿＿＿＿＿＿＿＿＿＿＿＿＿＿＿＿＿＿＿＿＿＿＿＿＿＿

＿＿＿＿＿＿＿＿＿＿＿＿＿＿＿＿＿＿＿＿＿＿＿＿＿＿＿＿＿＿＿＿＿＿＿＿

2．牛刀小试

【资料】

客户李先生通过业务人员的讲解，基本了解了保险，现在他决定为刚出生的孩子购买一份保险。

【要求】

（1）请为他挑选合适的保险产品；

（2）以小组为单位完成任务。

【操作记录】

＿＿＿＿＿＿＿＿＿＿＿＿＿＿＿＿＿＿＿＿＿＿＿＿＿＿＿＿＿＿＿＿＿＿＿＿

＿＿＿＿＿＿＿＿＿＿＿＿＿＿＿＿＿＿＿＿＿＿＿＿＿＿＿＿＿＿＿＿＿＿＿＿

＿＿＿＿＿＿＿＿＿＿＿＿＿＿＿＿＿＿＿＿＿＿＿＿＿＿＿＿＿＿＿＿＿＿＿＿

＿＿＿＿＿＿＿＿＿＿＿＿＿＿＿＿＿＿＿＿＿＿＿＿＿＿＿＿＿＿＿＿＿＿＿＿

＿＿＿＿＿＿＿＿＿＿＿＿＿＿＿＿＿＿＿＿＿＿＿＿＿＿＿＿＿＿＿＿＿＿＿＿

拓展阅读

曾经看过这样一个保险小故事，说一个失事海船的船长是如何说服几位不同国家的乘客抱着救生圈跳入大海的：他对英国人说这是一项体育运动，对法国人说这很浪漫，对德国人说这是命令，而对美国人则说你已经被保险了。这位船长之所以这样来说服不同的人，主要是迎合了不同国家居民的性格特征和所处经济社会环境。比如美国，上至国家元首，下至平民百姓，人人都很重视保险，保险是人们生活中不可缺少的重要一环，保险在他们

的生活中就像吃饭、睡觉一样重要，甚至可以说人们在做任何事情之前都要考虑是否已投保，所以只有船长说他已经被保险了，他才会放心地抱着救生圈跳海。

其实保险理财就像一艘游轮中的救生艇一样，邮轮好比基金、股票等理财方式，邮轮又大又舒服自然很好，但一旦遇到风险，船沉的时候，只有救生艇能救你的性命。不要让自己的家庭像泰坦尼克号一样，乘船的人启航时无限风光，在海上遇到风险才发现救生艇不足，最后不得不舍弃自己的至亲，甚至是自己的性命。

思考：结合上面的小故事，谈谈你的保险投资理财想法。

项目六

以钱生钱有外汇

知识目标

❖ 熟知外汇中经常使用的名词；

❖ 掌握外汇的类型；

❖ 学会查看外汇信息；

❖ 初步树立外汇投资的意识。

任务一 揭穗外汇

外汇投资，作为一个新的投资品种走入千家万户，已经成为广大民众接受和认可的投资品种。在经济全球化、金融交易自由化的国际潮流引领之下，外汇的渗透力和竞争力在不断增强。根据国际清算银行（BIS）每三年一度的中央银行调查报告数据显示，全球汇市的日均交易量从1995年的1.2万亿元增长到了2016年的5.1万亿元。全球38亿互联网用户中，每396个互联网用户中就有1个在线交易者，统计显示，世界范围内有960万在线交易者。

任务导入

1．你认识这些货币吗？分别是哪些国家的货币？
2．外汇和外币一样吗？
3．现汇和现钞一样吗？

知识准备

一、外汇存在的形态

（1）可自由兑换的外币，如图6-1、图6-2所示。

图6-1 现钞

图6-2 硬币

图6-3 旅行支票

（2）可自由兑换外币表示的支付凭证——本票、汇票和支票，如图6-3所示。

（3）可自由兑换外币表示的有价证券——股票、债券。

二、外汇

外汇有动态和静态两种含义。动态意义上的外汇是指人们将一种货币兑换成另一种货币，清偿国际间债权债务关系的行为。这个意义上的外汇概念等同于国际结算。

静态意义上的外汇又有广义和狭义之分。

广义的静态外汇是指一切用外币表示的资产。我国及其他各国的外汇管理法令中一般沿用这一概念。《中华人民共和国外汇管理条例》中规定，外汇是指：

（1）外国货币，包括钞票、铸币等。

（2）外币支付凭证，包括票据、银行存款凭证、邮政储蓄凭证等。

（3）外币有价证券，包括政府债券、公司债券、股票等。

（4）特别提款权、欧洲货币单位。

（5）其他外汇资产。从这个意义上说外汇就是外币资产。

狭义的静态外汇是指以外币表示的可用于国际之间结算的支付手段。从这个意义上讲，只有存放在国外银行的外币资金，以及将对银行存款的索取权具体化了的外币票据才构成外汇，主要包括银行汇票、支票、银行存款等。这就是通常意义上的外汇概念。

常用国家和地区的货币名称与货币符号

国家或地区名称	货币名称	货币符号	ISO 标准三字母货币代码
中国	人民币元	RMB¥	CNY
欧元区国家	欧元	€	EUR
英国	英镑	£	GBP
瑞士	瑞士法郎	SF	CHF
瑞典	瑞典克朗	SKR	SEK
美国	美元	US$	USD
加拿大	加元	CAN$	CAD
日本	日元	J¥	JPY
新加坡	新加坡元	S$	SGD
中国香港	港元	HK$	HKD
澳大利亚	澳元	A$	AUD

（常用国家和地区的货币名称与货币符号）

三、外汇与外币的区别

外汇和外币是既有联系、又有区别的两个概念。

外汇包括外币，但不等于外币，因为外汇只包括可自由兑换的外币，不包括不可兑换的外币。此外，外汇还包括用可自由兑换货币表示的支付手段和有价证券。

举例：我国外汇市场上挂牌的主要外币

美元（USD）、欧元（EUR）、日元（JPY）、英镑（GBP）、瑞士法郎（CHF）、丹麦克朗（DKK）、瑞典克朗（SEK）、澳元（AUD）、加拿大元（CAD）、港元（HKD）、新西兰元（NZD）、新加坡元（SIN）、菲律宾比索（PHP）、韩元（KRW）、泰铢（THB）。

下面列出了部分国家的货币，如图6-4所示。

澳门元

日元

泰铢

美元

韩元

埃及镑

白俄罗斯卢布

欧元

英镑

图6-4 外币欣赏

华尔街有两位"炒手"不断交易一罐沙丁鱼罐头，每一次甲方都用更高的价钱从乙方手里买进，这样双方都赚了不少钱。

一天，甲决定打开罐头看看：一罐沙丁鱼为什么要卖这么高的价钱？结果令他大吃一惊：鱼是臭的！他为此指责对方。

乙的回答是：罐头是用来交易的，不是用来吃的啊！

这和我们进行外汇交易是一个道理，我们炒的只是外汇汇率的变化，我们本身并没有持有其中任何一种货币，因为你拿着你炒的外汇账户去银行，也兑换不出来现金，我们只是利用外汇汇率的变化来达到赚钱的目的，因此不用纠结一美元能换多少英镑之类的。

思考：你知道外汇交易与商品交易的区别了吗？

四、外汇的种类

1. 按照货币兑换的限制程度分为自由外汇和记账外汇

自由外汇是指不需要经过货币管理当局批准，在国际金融市场上可以自由兑换成其他国家货币，并可随时向第三国支付的外国货币及其支付凭证。其主要集中在发达国家或地区，包括美元、欧元、英镑、瑞士法郎、加拿大元、澳元、日元、港元、新加坡元等。

记账外汇是指未经货币发行国的管理当局批准，不能自由兑换成其他国家货币或对第三国进行支付的外国货币及其支付凭证。目前已很少使用。

2. 按照外汇的来源和用途分为贸易外汇和非贸易外汇

贸易外汇是指一国对外贸易中商品进出口及其从属费用所收付的外汇，主要是商品进出口时涉及的收入、支出及其相关费用。

非贸易外汇是指进出口贸易以外收入或支出的外汇，包括旅游、港口、航空、铁路、海关、保险、银行等方面收入和支出的外汇。

3. 按其买卖交割时间的不同分为即期外汇和远期外汇

即期外汇是指在外汇买卖成交后两个营业日内办理交割的外汇，也叫现汇。
远期外汇是指买卖双方先签订合同，在未来一定时期办理交割的外汇，也叫期汇。

现钞和现汇的区别：
（1）现钞是实物，现汇是账面上的数字。
（2）现钞与现汇不等值，现钞的买入价比外汇支出凭证的买入价低。
（3）现钞不能随意换成现汇。

角色扮演

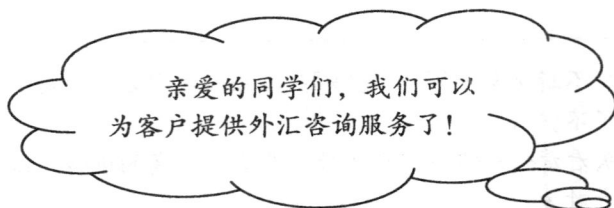

亲爱的同学们，我们可以为客户提供外汇咨询服务了！

【实训目标】

解答客户外汇咨询的问题。

【实训要求】

1. 运用所学知识为客户解答有关外汇的问题；

2. 按照职业标准着装，热情接待客户。

【实训内容】

1. 我国某进出口公司签发给国外进口商一张汇票，要求其无条件立即支付 50 万英镑的出口商品货款。请你帮客户解答一下该张以英镑表示的汇票是否属于外汇的范畴？为什么？

2. 任务完成后填写评价表 6-1。

【实训过程】

讲解：_____

_____

_____

_____

_____

【实训评价】

根据评价要素，将个人的评分及说明填写在表 6-1 中。

表 6-1　评价表

评 价 项 目	评 价 要 素	分值	评分及文字评价
语言表达	使用专业术语准确	15 分	
	解答条理清晰	15 分	
	语言亲切、自然	5 分	
	口齿清楚、表达流利	5 分	

续表

评价项目	评价要素	分值	评分及文字评价
解决问题	理由充足	20分	
	对外汇的认识到位	20分	
	结论明确	20分	
合　计		100分	

任务检测

1. 知识检测

（1）填空题

① 狭义的静态外汇是指以＿＿＿＿＿＿表示的可直接用于国际结算的支付手段。

② 是＿＿＿＿＿国的货币，货币名称是＿＿＿＿＿，货币符号是＿＿＿＿＿。

③ 是＿＿＿＿＿国的货币，货币名称是＿＿＿＿＿，货币符号是＿＿＿＿＿。

（2）判断题

① 记账外汇可以对第三国进行支付。（　　　）

② 自由外汇可以自由兑换其他国家货币。（　　　）

③ 外钞、外币有价证券、协定外汇和特别提款权都属于外汇的范畴。（　　　）

2. 牛刀小试

【资料】

外汇是外币，外币不一定是外汇。

【要求】

请为客户做出合理的解释。

【操作记录】

_____

_____

_____

_____

拓展阅读

主要外汇货币简介

1. 美元（USD）：美国的货币单位。国际贸易与外汇交易中有 80%以上使用美元作为计价货币。美元是最活跃的货币，在国际贸易和金融中占绝对重要的地位。

2. 欧元（EUR）：欧洲货币联盟的统一货币。这个联盟体拥有十几个成员国及 3 亿多的人口，具有比美国更高的出国供应能力，因此欧元具备与美元同等的实力。

3. 英镑（GBP）：英国的货币单位。1944 年布雷顿森林会议后，美元取代了英镑的世界金融霸主地位，现在英镑变成了居于世界第三位的储备货币。

4. 日元（JPY）：日本的货币单位。在经贸关系上，日本的贸易收支顺差主要来自美国，而美国的外贸主要得自日本。日元现在仍是亚洲最重要的货币。

5. 港元（HKD）：中国香港特别行政区的货币单位。港元以美元作为基础和依据，并使二者保持固定的汇率，以联系汇率体制著称于世界。

6. 瑞士法郎（CHF）：瑞士联邦的法定货币。瑞士是中立国，国内政治经济局势稳定，且瑞士银行是世界上保密性最好的银行，因此瑞士法郎经常是美元的对手货币。

任务二　认知汇率

任务导入

一家美国公司要在英国投资，需要购入 500 万英镑，当日市场报价即期英镑对美元为：银行买入价 1.831 1，银行卖出价 1.834 3。那么这家美国公司最终支付多少美元完成交易？

知识准备

一、汇率

汇率是指一国货币以另一国货币表示的价格，或者说是两国货币之间的比价。

例如，1 欧元兑换 1.565 5 美元。

二、汇率的标价方法

在外汇市场上，一个国家与另一个国家货币的汇率是成对出现的。基本货币在前，目标货币在后，中间以"/"分隔，表示一个单位基本货币能兑换多少目标货币。

汇率是以 5 位数字来表示的，小数点前面的为"元"，小数点后最后一位为"点"。通常汇率的变动指的是最后一位数字的变动。例如，GBP/USD 现行买入价为 1.987 6，指的是 1

英镑现在用美元买入的价格为 1.987 6 美元；如果买进后升了一个点，就是 1.987 7，如果跌了一个点就是 1.987 5。

由于货币种类的不同，所以汇率标价的方法也不一样。一般汇率有两种标价法。

1. 直接标价法

直接标价法也称应付标价法，是指以本国货币表示的外国货币的价格。即拿本国的钱去买美元，此时的美元是商品。美元这种商品的价格上升，说明美元升值，而本币贬值。目前，世界上大多数国家采用直接标价法，我国也采用直接标价法。即：基础货币/目标货币=商品货币/支付货币=美元/本国货币。例如，1 美元=6.9 元人民币，对于美国而言，就是直接标价。

2. 间接标价法

间接标价法也称应收标价法，是指以外国货币表示的本国货币的价格。即拿美元买本国货币，此时的本币是商品。本币这种商品的价格上升，说明本币升值，而美元贬值。目前，在世界上只有少数国家使用间接标价法，如英镑、欧元、澳元、新西兰元、爱尔兰镑。即：基础货币/目标货币=商品货币/支付货币=本国货币/美元。例如，0.62 英镑=1 美元，对于美国而言，就是间接标价。

注意：对于间接标价货币，如英镑、欧元兑美元的汇率上升（K 线图上呈上升的移动），意味着这些货币的价格上升（升值）和美元价格的下降（贬值），因为这里的英镑和欧元是"商品"；但对于直接标价货币，如法郎、日元汇率的上升（K 线图上呈上升的移动），则显示 1 单位美元需要越来越多的法郎和日元去购买，即意味着美元的升值和法郎、日元的贬值，因为这里的美元是"商品"。

中国银行外汇牌价	农业银行外汇牌价	工商银行外汇牌价	建设银行外汇牌价	交通银行外汇牌价	招商银行外汇牌价

货币名称	交易单位	现汇买入价	现钞买入价	现汇卖出价	现钞卖出价	中行折算价	报价时间
美元	100	656.52	651.12	659.15	659.15	658.21	2017-12-23 10:30:00
日元	100	5.7879	5.6076	5.8286	5.8286	5.8069	2017-12-23 10:30:00
欧元	100	777.47	753.26	782.93	784.49	780.41	2017-12-23 10:30:00
英镑	100	876.67	849.36	882.82	884.76	880.83	2017-12-23 10:30:00
阿联酋迪拉姆	100	-	172.81	-	185.35	179.23	2017-12-23 10:30:00
澳大利亚元	100	505.93	490.17	509.48	510.6	507.2	2017-12-23 10:30:00
澳门元	100	81.66	78.92	81.97	84.6	81.82	2017-12-23 10:30:00
巴西里亚尔	100	-	189.21	-	206.94	198.95	2017-12-23 10:30:00
丹麦克朗	100	104.33	101.11	105.17	105.38	104.88	2017-12-23 10:30:00
菲律宾比索	100	13.1	12.69	13.2	13.82	13.09	2017-12-23 10:30:00
港币	100	83.97	83.3	84.29	84.29	84.15	2017-12-23 10:30:00
韩国元	100	0.6079	0.5865	0.6127	0.635	0.6087	2017-12-23 10:30:00
加拿大元	100	515.25	498.94	518.86	520	516.67	2017-12-23 10:30:00

（外汇牌价）

三、汇率的种类

外汇汇率从不同的角度来分，有不同的分法。

1．基本汇率与交叉汇率

基本汇率是指将本国货币与某一关键货币（一般为美元）的实际价值进行对比后，所制定出的汇率，如英镑兑美元，美元兑日元等。

根据基本汇率套算出的汇率叫交叉汇率。交叉汇率一般通过对美元的汇率进行套算而得出，如"马克兑日元"为交叉货币交易，在实际兑换中可分为两步：首先以马克兑换美元，然后以美元兑换日元，从而完成"马克兑日元"的交易。

举例：交叉汇率的计算

某一时期，人民币对美元的汇率为 1 美元=8.277 3 元人民币，伦敦外汇市场上 1 英镑=1.88 美元，则人民币对英镑的汇率是多少？

1 英镑=8.277 3×1.88=15.561 3 元人民币

2．买入汇率、卖出汇率、中间汇率

买入汇率也称买入价或买价，是指银行买入外汇时所使用的汇率。在直接标价法下，一定量外币折合成本币数较少的那个汇率是买入价，它位于卖出价之前；在间接标价法下，情况恰恰相反。

卖出汇率也称卖出价或卖价，是指银行卖出外汇时所使用的汇率。在直接标价法下，一定量外币折合成本币数较多的那个汇率是卖出价，它位于买入价之后；在间接标价法下，情况恰恰相反。

中间汇率也叫中间价，是买入价和卖出价的平均数。中间汇率常用于对汇率的分析，报刊、电视报道汇率也常用中间汇率。

举例：指出买入价和卖出价，计算中间价

银行报价 1 英镑兑美元为 1.826 7/1.829 7，请指出买入价是多少？卖出价是多少？中间价是多少？

买入价是 1.826 7，卖出价是 1.829 7，中间价是 1.828 2。

3．电汇汇率、信汇汇率、票汇汇率

电汇汇率是指经营外汇业务的银行在买卖外汇时，以电讯方式通知国外分行或代理行将款项付给付款人时所使用的汇率。

信汇汇率是指银行买卖外汇时，以信函通知国外分行或代理行支付时所使用的汇率。信汇汇率比电汇汇率低。

票汇汇率是指银行买卖外汇汇票或其他票据时所使用的汇率。它不仅比电汇汇率低，也低于信汇汇率。

4．即期汇率、远期汇率

即期汇率与远期汇率是按外汇交易交割期限划分的。即期汇率又称现汇汇率，是指外汇买卖成交后当日或两个营业日之内办理交割时所使用的汇率，也就是电汇汇率。

远期汇率又称期汇汇率，是指外汇买卖双方事先约定的、在未来某一特定日期进行交割的汇率。如果远期汇率比即期汇率高则表示升水；远期汇率比即期汇率低则表示贴水；两者相等则表示平价。

在国际外汇市场上，报升、贴水时，也有两个数字，这两个数字总是前一个数字小、后一个数字大，其差额就是银行买卖远期外汇的利润。

5．官方汇率、市场汇率

官方汇率又称法定汇率，是指由国家货币金融管理当局以法律形式对本国货币规定并公布的汇率，因而官方的外汇交易都以官方汇率为标准。

市场汇率是指外汇市场上，买卖双方达成交易的实际汇率。它是在外汇市场上真正起作用的汇率，它随着市场供求关系的变化而自由波动，受市场机制的调节。

市场汇率相对官方汇率来说，是一国的实际汇率，而官方汇率往往只起着中心汇率的作用。为了使市场汇率不至于脱离官方汇率太远，直接入市干预外汇市场是西方国家中央银行平稳汇率的主要手段之一。当一国货币持续、大幅度下跌时，该国中央银行就抛外币、购买本币，以支持本币上升。至于确定本币是升值还是贬值，则要取决于本国的经济状况和实力，以及主要贸易伙伴的干预或默许态度。

6．固定汇率和浮动汇率

固定汇率是指汇率保持基本固定，汇率的波动限制在一定幅度内。

浮动汇率是指一个国家或地区不规定本币与外币的固定比价，也没有任何汇率波动幅度的上下限，而是听任汇率随外汇市场的供求关系自由波动。根据政府是否干预，浮动汇率又可分为自由浮动和管理浮动。管理浮动是指一国（地区）在实行浮动的前提下，出于一定经济目的，或明或暗地干预甚至操纵外汇市场汇率的安排方式。

小故事中的 理财智慧

中国银行某日外汇牌价　USD/CNY=6.351 0/50，EUR/USD=1.290 0/40。

李老师要去美国访学，需要 20 000 美元，到中国银行兑换，需要 127 100 元人民币。访学回来后，剩余 10 000 美元，此时又要到德国考察，用这剩余的 10 000 美元兑换了 7 727.98 欧元。因携带的欧元不够，他在德国刷了中国银行的外币信用卡 1 000 欧元，从德国归国后偿还信用卡 8 223.37 元人民币。

思考：你知道他是怎么算的吗？

角色扮演

亲爱的同学们，我们可以为客户提供外汇买卖咨询服务了！

【实训目标】

解答客户咨询的问题。

【实训要求】

1．运用所学知识为客户解答有关外汇买卖的问题；

2．按照职业标准着装，热情接待客户；

3．组建小组，每 2 人一组。

【实训内容】

如果你是银行的报价员，你向另一家银行报出美元兑加元的汇率为 1.502 5/35，客户想要从你这里买 300 万美元。问：

（1）你应该给客户什么价格？

（2）你想对卖出去的 300 万美元进行平仓，先后询问了 4 家银行，他们的报价分别为：

① A 银行 1.502 8/40 ② B 银行 1.502 6/37 ③ C 银行 1.502 0/30 ④ D 银行 1.502 2/33。

1．这 4 家银行的报价哪一个对你最合适？具体的汇价是多少？

2．任务完成后填写评价表 6-2。

【实训过程】

讲解：

_____

_____

_____

_____

_____

计算：

_____

_____

_____

【实训评价】

根据评价要素，将个人的评分及说明填写在表 6-2 中。

表6-2　评价表

评价项目	评价要素	分值	评分及文字评价
语言表达	使用专业术语准确	15分	
	解答条理清晰	15分	
	语言亲切、自然	5分	
	口齿清楚、表达流利	5分	
解决问题	计算公式正确	20分	
	计算结果正确	20分	
	结论明确	20分	
合　计		100分	

任务检测

1．知识检测

（1）填空题

① 直接标价法又称为_____。

② 在直接标价法下，一定单位的本国货币折算成外币的数量增多，说明本国货币汇率_____。

③ 间接标价法是以一定单位的_____作为标准，折算成一定数量的_____。

（2）计算题

① 已知如下两个汇率均为基本汇率：

USD1=JPY120.15　　　　USD1=HKD7.8000

请计算港元对日元的汇率是多少？

② 2017 年 12 月 24 日，人民币与美元的汇率为 1 美元=6.565 2/6.591 5 元人民币，那么中间汇率是多少？

2. 牛刀小试

【资料】

客户张先生打电话向中国银行询问英镑/美元（英镑兑美元，斜线"/"表示"兑"）的汇价。中国银行答道："1.690 0/10"。请问：

（1）中国银行以什么汇价向张先生买进美元？

（2）张先生以什么汇价从中国银行买进英镑？

（3）如果张先生向中国银行卖出英镑，汇率是多少？

请你为客户张先生进行汇率解释。

【要求】

（1）按照汇率标价方法，为客人做讲解；

（2）以小组为单位完成任务。

【操作记录】

_____

_____

_____

_____

_____

拓展阅读

10万美元结汇理财，一年多赚2 329美元

王先生手头有10万美元的外汇，由于想保留外汇，便在2017年6月19日全部用来购买了美元理财产品，当时，银行固定收益型美元理财产品的收益率在5%左右，最近，该产品到期，王先生获得了5 000美元的收益，本息共计为10.5万美元（10万元+10万元×5%）。

不过事后王先生一算，发现持有美元理财产品还不如兑换成人民币划算。在过去一年里，美元兑人民币已由2017年6月19日的8.001 8元贬值为2018年6月19日的7.619 5元，贬值幅度超过了5%，王先生的理财收益甚至不抵美元贬值的损失。

在一年前，如果王先生将手中的10万美元兑换成人民币再进行理财的话，可换取80.018万元人民币的本金，而当时工商银行推出一款固定收益类的理财产品，对于30万元以上的客户，年收益率为2.45%，王先生将80万元全部用来购买理财产品的话，则可获得19 600元的利息收入。产品到期时，总共可获本息为81.978万元人民币，如果在2018年6月19日再兑换成美元的话，按中国银行当日公布的美元卖出价7.638 0，可以换取107 329美元，比直接持有美元理财产品多2 329美元。

思考： 你知道这其中的奥秘是什么吗？

任务三　外汇理财技巧

通过外汇交易可以规避单一货币的贬值和汇率波动带来的贬值风险，以交易获利。

任务导入

客户张先生打算买卖外汇进行投资。作为专业人士的你认为他都需要做哪些准备呢？

知识准备

一、外汇交易开户

目前，各大城市的中国银行、中国工商银行、交通银行、中国建设银行均已开办外汇的开户业务。凡持有有效身份证件、拥有完全民事行为能力的境内居民或个人均可进行个人实盘炒外汇。

（1）个人可以持本人身份证和现钞去银行开户，也可以将已有的现汇账户存款转至各开办个人炒外汇业务的银行。

（2）如果采用柜台交易，只需将个人身份证件及外汇现金、存折或存单交柜面服务人员办理即可。中国银行和交通银行没有开户起点金额的限制，中国工商银行和中国建设银行开户起点金额为 50 美元。如进行现钞交易也可以不开户。

（3）如果采用电话交易，需带上本人身份证件到银行网点办理电话交易或自主交易的开户手续。交通银行的开户起点金额为 300 美元等值外币，中国工商银行的开户起点金额为 100 美元等值外币。

一般情况下，外汇开户不需要缴纳手续费。要特别提醒投资者的是，各个银行的服务都在不断地改进中，很多银行还对大额交易有优惠，开户时可以向银行详细咨询。

二、外汇市场的交易时间

1. 世界主要外汇交易市场开盘时间

新西兰：5:00	悉尼：7:00	东京：8:00
新加坡：9:00	香港：9:00	巴黎：14:30
法兰克福：15:30	伦敦：16:30	纽约：20:30

2. 外汇市场的最佳交易时间（北京时间）

（1）5:00—13:00 行情一般，极其冷淡。

这是由于亚洲市场的推动力量较小所致，一般的震荡幅度在 30 点之内，没有明显的方向，多为调整和回调行情。一般与当天的方向走势相反，如当天走势上涨则这段时间多为小幅度震荡的下跌。

（2）13:00—18:00 为欧洲上午市场，15:00 后一般有一次行情。

欧洲开始交易，资金增加，且此时段也会伴随一些对欧洲货币有影响力的数据的公布。一般震荡在 40～80 点。

（3）18:00—20:00 为欧洲市场中午休息时间和美洲市场的清晨，较为冷淡。

（4）20:00—24:00 为欧洲市场下午盘和美洲市场的上午盘，这段时间行情波动最大、资金量和参与人数最多，一般是 80 点以上的行情。

（5）24:00 后到清晨为美国的下午盘，一般此时已走出了较大的行情，这段时间多为对前面行情的技术调整。

建议时间：15:30—18:30；20:30—23:00。

3．主要市场

伦敦、纽约、法兰克福、东京、新加坡、中国香港、苏黎世等。

三、外汇交易的特点

外汇由于超高的流动性、全天候 24 小时交易和对公众开放，因而外汇交易已经成为一个热门又时尚的职业。一台计算机或一部手机就可以当自己的老板，拥有绝佳的自由度和可观的收益。但是，外汇投资也有它的劣势，正确地看待外汇投资将帮助你更好地投资。

1．外汇交易的优势

（1）交易方式多样，可进行双向交易，赚钱机会多。外汇交易可以采用软件、电话、网站、PDA 交易。同期货和股票权证不同，无交割期规定，可以长期持有外汇和约。

股票投资只有涨才能赚钱，而外汇可以买涨，也可以买跌，只要选对交易方向就能赚钱。在股市中，空头行情的时间远远多于多头行情的时间，投资机会不容易把握。因此，股市不是一个有长期投资价值的市场，这也是导致很多股市投资人亏损的原因。

（2）24 小时全天候交易。从每周一 8:00（北京时间）开始，一直到周六 4:00 才结束，随时可以买卖。股市只能在白天特定时段交易，一般为 9:30—11:30、13:00—15:00，不适合上班族操作。

（3）投资少，起点低。最低投资 1 000 美元（折合人民币约 7 000 元）就可以开户炒汇。成功的投资者在一年内可有几倍的投资获利。

（4）市场客观公正，不容易受人为操纵。外汇市场每天成交量有 1.9 兆亿美元，有先进科学的网上交易平台，行情和数据都是公开的，是最透明的市场。

（5）自由方便的投资方式。只要有一台计算机，接通互联网，不论何时何地，都可以自行买卖交易，适合喜欢独立自由工作的年轻人。很多人选择外汇交易作为终身职业。

（6）外汇交易以保证金形式，能以小博大。据统计，美国有 1/3 的亿万富翁都是从事外汇投资成功的。例如，索罗斯、巴菲特等人就是炒汇成功最典型的传奇人物，在世界首富排名榜上名列前茅。其利用财务杠杆的原理，将资金以扩大信用额度的方式在外汇市场上进行操作。

目前，外汇保证金交易的杠杆最大可达本金的 100 倍，投资 1 000 美元就可以做 10 万美元的交易。保证金交易是一柄双刃剑，如果没有做好风险管理，投资人招致损失的机会和获利一样大。汇率变动相对剧烈，赢亏空间大。投资投机两相宜，如果想稳健投资，缩小资金杠杆即可。

（7）交易策略可以根据市场情况随时下达，极为灵活。外汇交易者即使方向看错，立即止损反手，损失有限，获利仍然极为巨大。外汇交易有现价、定价、止损、止赢、2 选 1 等多种订单可选择。

（8）低廉的交易费用。在股票市场上，你必须支付经纪佣金、交易服务费和税金。外汇市场的场外交易结构特别是高效率的电子化交易系统缩减了大部分的成交和结算费用，降低了交易支出。

（9）外汇交易最能满足技术型投资者的需求。与股票和期货投资不同，货币的走势规律性更强，利用技术分析手段更容易盈利。大量经济数据都会定期公布，也方便投资者进行基本面分析。掌握不同国家的走势比分析股市中公司的变化容易。国家的运作通常都较公司的稳定，这意味着较容易预测经济发展的方向。

（10）外汇市场资金流动性高，实行 T+0 制度，容易兑现。对投资人而言，不论何时何地发生任何事情，投资人都可以即时地做出反应。投资人也可以对进场或出场的时间进行弹性规划。其他金融市场的大小与交易量和外汇市场比较起来就显得逊色多了，如流动性不好，在期货市场很多时候难以成交，价格容易跳空，不易掌握。外汇市场永远是流动的，无论何时都可以进行交易，外汇即时报价系统可以保证所有的市价单、限价单或止损单完全成交。

虽然外汇投资相比其他投资有着巨大的优势，但同时外汇市场也有劣势。

2. 外汇交易的劣势

（1）选择监管的交易平台。由于零售外汇市场大多数情况下是由经纪商提供个人投资者交易服务的，可能使得一些不正规的交易商掺杂其中，这也意味着外汇市场并不是完全透明的。一旦选择了不正规的交易商，投资者可能无法获得最优的报价，订单无法执行或无法按照对投资者最有利的价格执行等。一个简单的解决方案是选择有严格监管许可的机构进行投资交易，如受英国金融市场行为管理局（FCA）监管的经纪商，访问 FCA 的官方网站，并确认它们的监管号。

（2）复杂的价格确定过程。外汇利率是由多重因素影响的，主要取决于全球政治或经济形式，对于没有受过专业培训的人士，可能难以进行全面到位的分析，而且一些错误的分析可能导致亏损。另外，大多数外汇交易会侧重技术指标，投资者需要长期专注其中，以提高收益率。

（3）杠杆和风险并存。外汇交易可在高杠杆下进行，这意味着投资者可以获得更高的收益或更严重的亏损。如 100∶1 的杠杆，人们只需要 1 美元即可获得 100 美元的头寸。虽然交易者可以从杠杆中受益，但损失也可能被放大。不合理地使用杠杆，会使外汇交易变

成亏损的噩梦，除非投资者对杠杆有清晰地认识和有效的资本配置方案，并对情绪有强有力的控制。

（4）需要强大的自我学习能力。在股票市场，交易者可以寻求投资经理、顾问和客户经理的专业协助。但外汇交易是完全靠自身，很少能够得到他人有效的帮助。严格的纪律和不断的自我学习，是整个交易生涯中必须持续完善的事情。大多数投资者在最初阶段退出交易，主要是受到外汇交易知识的局限，以及不正当交易导致亏损而失去信心。

（5）高波动的风险。由于宏观经济和地缘政治无法控制，人们可能在极为罕见的波动中遭受损失。如当冰岛破产时，外汇交易者眼睁睁地看着持有的冰岛克朗大幅贬值；瑞郎央行的意外之举导致市场的极大波动。如果你觉得难以定期监控价格和波动，最好的方法是对所有外汇交易严格止损。

通常，外汇交易被看成最容易赚钱的职业，但实际上这是建立在严格的交易执行基础之上的，然而即便如此，也丝毫不影响外汇投资的吸引力。不断学习有效的资金管理技术、风险把控，以及制订详细的交易计划，会让你成为一个成功的外汇交易者。

四、外汇投资技巧

1．分析影响交易的因素

对每天的盈亏情形进行记录，分析影响交易成功的因素。

举例：王先生的外汇投资经历

王先生具有二十多年的外汇投资经验。说到做外汇，王先生最看重的还是对风险的把控。因此，谈及经验，他首先提到的就是"谨慎"二字。王先生从来不会在入场时将资金一次性全部投入，而是采取试盘的方式，逐步加入资金。即便是准备投资100万元，一开始也只会用1万元资金做个先头部队去打探市场的虚实，然后采用倍数加码的方式。2万元、4万元、8万元……在看到趋势判断正确后再慢慢投入，慢慢累加。王先生认为炒外汇犹如打仗一样，也是需要战术的，只有当判断自己可以完全控制局面，胜券在握时才可以将资金全部投入进去。

2．"顺势而为"最重要

无论是实盘还是保证金交易。对投资者来说，外汇市场的波动都会带来一定的交易机会。通常情况下，投资者只需要积极把握汇率走势，顺势而为。当达到止损点时，尽快平仓；而达到盈利点时，则继续持仓。当投资机遇出现时，应果断出击，不放过此次机遇，不因过去的投资失败而犹豫不决。

举例：李先生的外汇投资经历

李先生是一个投资高手，最近他打算投资日元。根据长期的观察，美元兑日元的汇率有个浮动区间，在 110～125 元之间。因此，他认为在某个美元上涨的区间内，118 元左右，可能就是一个比较不错的入场价位。于是，根据他的外汇投资经验，他采取了倍数加码法，即在 118 元时进场进行试盘，在 119 元时继续加码试盘，在 120 元时依然小幅加码，但假如到了 122.5 元左右，他发现胜算很大，就会大笔投入资金，获得最大的盈利。

3. 遵循交易策略

当损失扩大时要考虑平仓，不能以行情即将好转为借口，如果超出预期的控制，则会带来巨额损失。

4. "金字塔"加码原则

"金字塔"加码原则是指在第一次买入某种货币之后，该货币汇率上升，眼看投资正确，若想增加投资，应当遵循每次加码的数量比上次少的原则。这样逐次加码数会越来越少，就如"金字塔"一样。因为价格越高，接近上涨顶峰的可能性就越大，危险也越大。同时，在上升时买入会引起多头的平均成本增加，从而降低收益率。

如果在交易时，一见买对就加倍购买，一旦市势急跌，难免损失惨重。而金字塔式的投资，一旦市势下跌，由于在高位建立的头寸较少，损失相对较轻。

5. 不在赔钱时加码

在买入或卖出一种外汇后，遇到市场突然以相反的方向急进时，有些人会想加码再做，这是很危险的。例如，当某种外汇连续上涨一段时间后，交易者追高买进了该种货币，突然行情扭转猛跌，交易员眼看赔钱，想在低价位加码买一单，企图拉低前一单的汇价，并在汇率反弹时，两单一起平仓，避免亏损。这种加码做法要特别小心。因为如果汇价已经上升了一段时间，你买的可能是一个"顶"。如果越跌越买，连续加码，汇价总不回头，那么结果无疑是恶性亏损。

6. 熟练使用均线

炒汇要经常使用蜡烛图进行分析。和蜡烛图配套使用的是均线，这就凑成了蜡烛图和均线一起使用的图。很多炒汇都采用这种方式来进行最基本的分析，这个指标的准确性还是很高的。均线是炒汇时必须掌握的基本技术指标之一。

在交易中，经常使用简单移动平均线，因为它使你对行情的了解最快捷，最容易看到并采取相应的对策。

数天内的收盘价相加，再被这个天数整除就得到了一个平均值，以此类推，把随后的数值继续按照这个方法来做就得到了很多平均值，把这些值连在一起就形成了一条直线，这就

是一条简单的平均线。

一般在交易中，5 日、10 日、20 日、30 日是短线操作的重要判断依据，60 日均线、100 日均线和 150 日均线可以作为中期的一个判断依据，而 200 日均线、250 日均线可以作为长线的操作依据。

7．制定一份合理的止损单

投资者应明确自己能承受的亏损程度，一般可设定为自己投资账户的 3%~10%，当达到止损点时应立即平仓，减少损失，不能孤注一掷，以防带来巨额的损失。

8．对市场无法把握时暂停观望

投资者并非每天都需要入市，不能盲目热衷于入市买卖，成功的投资者都会等待机会，当无法对市场做出充分的分析前，不要盲目介入，可暂停入市，在市场外观望。

五、查看外汇信息

外汇市场区别于其他的市场，它是一个 24 小时都在运作的市场，对于具体的行情、牌价、最新的交易数据，投资者都可以通过网络来了解。专业的外汇网站有汇通网、和讯网、东方财富网等。下面以汇通网为例，介绍查看外汇信息的操作。

1．登录外汇网站

登录汇通网（见图 6-5），可以看到要闻、分析、行情等相关信息，单击"行情"超链接，对当前的外汇市场相关信息进行了解，做出投资决策。

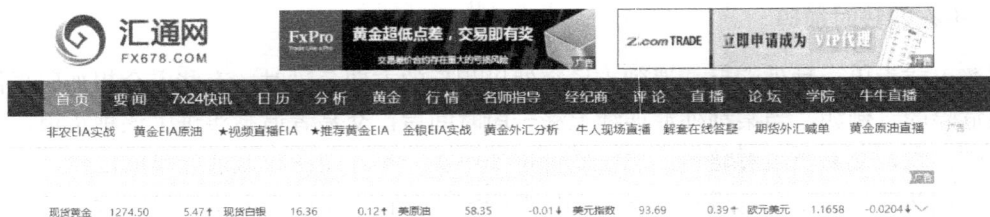

图 6-5　汇通网网站

2．查看外汇走势

在行情中心可以看到国际外汇、国际黄金、全球指数和外汇牌价等，同时还将出现各种货币的走势。

如图 6-6 所示，以美元指数为标准，最新价为 93.69 美元，最高价为 94.54 美元，最低价为 93.06 美元，开盘价是 93.30 美元，上涨 0.39 美元，而与之相关的欧元美元，最新价为 1.165 8 英镑，最高价为 1.191 9 英镑，最低价为 1.155 8 英镑，开盘价是 1.185 0 英镑，相对来说，下跌 0.020 4 英镑。

图 6-6　外汇行情

在外汇图形分析中，根据选择条件对外汇图形进行分析，如选择"欧元美元"日期为"日线"、线性为"蜡烛线"，即为 K 线图。如图 6-7 所示，在外汇走势图中出现包括开盘价、最高价、最低价、收盘价等信息。

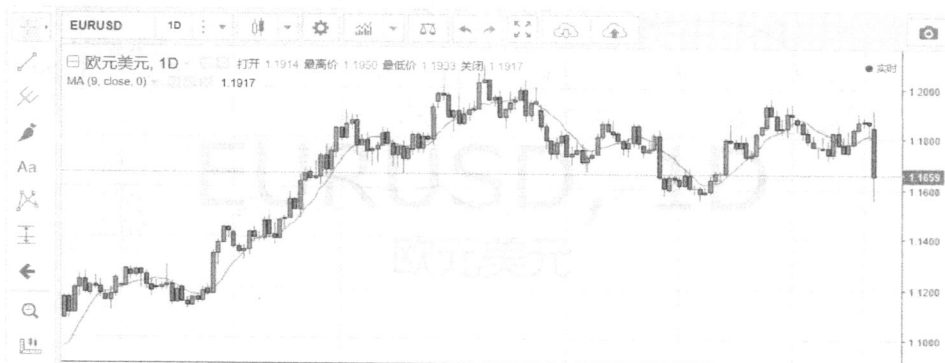

图 6-7　外汇走势图

如果投资者还想了解更多的信息，将各种外汇与我国货币相联系，可以在行情中心的"外汇牌价"中了解相关信息，如图 6-8 所示。

图 6-8　外汇牌价

（外汇牌价）

　　银行的外汇宝只能买涨，不能买跌，无杠杆性质，是实盘的交易。投资者按照该银行公布的外汇买入/卖出价，将某种外币的存款换成另一种外币的存款，利用国际外汇市场外汇汇率上的波动，在不同的存款货币间转换来赚取一定的汇差。不过，由于银行的外币"点差"通常都较大，因此外汇宝理财赚钱会比较难，盈利也较少。

　　思考：银行的外汇宝为何盈利较少？

角色扮演

> 亲爱的同学们，我们可以为客户提供外汇交易咨询服务了！

【实训目标】

解答客户外汇交易的问题。

【实训要求】

1．运用所学知识为客户解答有关外汇交易的问题；

2．按照职业标准着装，热情接待客户；

3．组建小组，每2人一组。

【实训内容】

1．客户张先生打算开立外汇投资账户，进行外汇理财，但如何开立账户，如何查看交易信息，以及在外汇交易过程中应该注意哪些问题？请你解答客户张先生的疑问。

2．任务完成后填写评价表6-3。

【实训过程】

讲解：

_____

_____

_____

_____

_____

_____

【实训评价】

根据评价要素，将个人的评分及说明填写在表 6-3 中。

表 6-3　评价表

评价项目	评价要素	分值	评分及文字评价
语言表达	使用专业术语准确	15 分	
	解答条理清晰	15 分	
	语言亲切、自然	5 分	
	口齿清楚、表达流利	5 分	
解决问题	开户方式正确	20 分	
	查看外汇交易	20 分	
	技巧解释清楚	20 分	
合　　计		100 分	

任务检测

1. 知识检测

（1）填空题

① 外汇交易的方式有_____和_____。

② 外汇市场区别于其他的市场，它是一个_____小时都在运作的市场。

③ 在外汇交易中，为了控制风险，可以指定一份_____。

（2）简答题

外汇投资的技巧有哪些？

_____

_____

_____

2. 牛刀小试

【资料】

（1）如果中国对美国的贸易顺差扩大，将导致人民币升值还是贬值？在这种情况下，如

果你持有 1 万美元, 你将做出什么样的投资决策?

(2) 如果美国的就业率不断提升, 将导致美元升值还是贬值? 在这种情况下, 如果你持有 1 万美元, 你将做出什么样的投资决策?

(3) 如果欧洲中央银行宣布加息, 将导致欧元汇率上升还是下降? 在这种情况下, 如果你持有 10 万元人民币, 你将做出什么样的投资决策?

【操作记录】

_____

_____

_____

_____

_____

_____

_____

拓展阅读

什么是外汇保证金交易

外汇保证金交易是指通过与银行签约, 开立信托投资账户, 存入一笔资金 (保证金) 作为担保, 由银行设立信用操作额度 (即 20~400 倍的杠杆效应)。投资者可在额度内自由买卖同等价值的即期外汇, 操作所造成的损益自动从投资账户扣除或存入。

外汇保证金交易机制可以让小额投资者利用较少的资金获得较大的交易额度, 和全球资本一样享有运用外汇交易作为规避风险之用, 并在汇率变动中创造利润机会。

若保证金融资比例为 100 倍, 即最低的保证金要求是 1%, 投资者只需 1 000 美元就可以进行高达 10 万美元的交易, 充分利用了以小博大的杠杆效应。

除了资金放大之外, 外汇保证金投资方式的另一项最吸引人的特色是可以进行双向操作。投资者可以在货币上升时买入获利 (做多头), 也可以在货币下跌时卖出获利 (做空头), 从而不必受到所谓的熊市中无法赚钱的限制, 为投资者提供了更大的盈利空间和机会。

思考: 你知道外汇保证金交易的优势是什么吗?

项目七

多元理财创收益

知识目标

❖ 了解互联网金融、黄金和收藏品等理财方式；

❖ 掌握市场和风险分析的方法；

❖ 具备理性分析市场、谨慎决策的能力；

❖ 树立投资合法、风险防范的意识。

任务一 足不出户，网络理财

随着互联网在我国公民家庭中的普及，加之近几年移动网络的不断完善，我国居民逐渐接受了由网络和移动终端承载的网络理财产品。不过，由于对理财产品运营方缺乏必要的了解和资质审查，经常会出现投资者上当受骗的情况，所以选择网络理财更需谨慎。

任务导入

投资公司的理财专员莉莉的妈妈张女士最近迷上了淘宝网络购物和微信聊天。这天莉莉刚刚下班回到家，妈妈张女士就上前咨询余额宝和理财通是怎么回事。张女士表示最近她的朋友们都在通过支付宝或微信理财，每天还相互交流一下进账金额。张女士很动心想尝试。那么应该选择余额宝呢，还是理财通呢？

知识准备

一、余额宝和理财通的背景

网络理财作为一种新型的理财方式，一般指个人或家庭通过各种网络平台，了解最新的网络资讯，并根据外界市场的变化不断调整自己的资产投资，从而实现个人或家庭的资产收益最大化。本书仅以余额宝和理财通为例进行介绍。

1．余额宝的背景

余额宝是蚂蚁金服旗下的余额增值服务和活期资金管理服务产品，于 2013 年 6 月推出。余额宝 logo 如图 7-1 所示。

蚂蚁金服又是何方神圣？蚂蚁金服（全称为蚂蚁金融服务集团）起步于 2004 年成立的支付宝。2014 年 10 月，蚂蚁金服正式成立。蚂蚁金服旗下拥有支付宝、支付宝钱包、余额宝、招财宝、蚂蚁小贷及网商银行等品牌。我们熟知的阿里巴巴集团创始人马云也持有一部分蚂蚁金服的股份。蚂蚁金服 logo 如图 7-2 所示。

图 7-1 余额宝 logo

图 7-2 蚂蚁金服 logo

有的人虽然知道余额宝，也通过余额宝理财，但是却不知道把自己的资金转入到余额宝，其实就是购买了天弘基金旗下的货币基金。天弘基金管理有限公司是余额宝货币基金的基金管理人。余额宝的特点是操作简便、门槛低、零手续费、可随用随取。余额宝还可直接用于购物、转账、缴费、还款等消费支付，是移动互联网时代的现金管理工具。

通过余额宝理财平台，投资人除了可以选择天弘的余额宝货币基金，也可以选择一些稳健的定期理财产品、基金产品和黄金投资等，还可以通过余额宝平台查询股票信息。

2．理财通的背景

理财通是一款可以借助于手机微信和手机 QQ 软件灵活操作的理财平台。理财通是腾讯财付通与多家金融机构合作，为用户提供多样化理财服务的平台。我们平时使用的微信支付和收款就是通过财付通来完成的。

和余额宝相似，使用理财通进行理财可以根据自己的情况选择货币型基金、保险理财、指数型基金等多款理财产品，如图 7-3～图 7-5 所示。

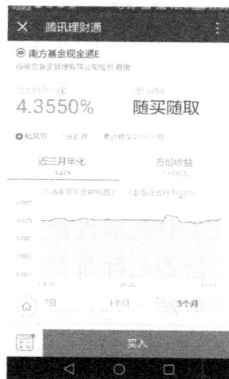

图 7-3　货币型基金

图 7-4　保险理财

图 7-5　指数型基金

二、余额宝和理财通的优势

1．购买方便，年化收益率高

随着银行利率的不断下调，银行理财产品的年化收益率在 4%以上的已经算是稀有品了，很多人排着队去银行抢这些有较高收益的理财产品。余额宝和理财通的理财产品上市后，投资者就可以免去排队的辛苦，足不出户，动动手指来选择收益高又稳健的好产品。曾经理财通的一款保险理财产品"国寿嘉年月月理财"，期限 1 个月，七日年化收益率高达 5.039 0%，上线首日即被秒光。

2．理财门槛低

选择余额宝和理财通理财，可以根据自己的资金状况选择资金投入额度。这两个平台的投入门槛非常低，投资 100～200 元就可以产生收益。

3．资金出入，灵活掌握

当代消费者已经习惯了网络购物的方式。对一些年轻的上班族来说，因为平时工作忙，没有时间去商场、超市挑选生活物品，所以网购已经成为他们购物方式的不二选择。拥有支付功能的支付宝和微信已经成为当代年轻人手机里不可或缺的两个软件。除了网络购物，就算是在自己家门口的小菜摊买点蔬菜水果，也习惯使用支付宝或微信支付。所以，在这些人的支付宝和微信钱包中总要有那么一点余额来保证日常的消费支出。

传统的银行理财产品的流动性往往很差，也就是说投资者没有权利提前终止自己所选择的理财产品。例如，投资者选择了 180 天的理财产品，那么在 180 天内产品尚未到期前，即使客户急需用钱，所投入的资金也不能撤回。但是余额宝和理财通中的货币基金产品不一样，投资者可以在任意的时间点投入资金，也可以随时在自己需要时撤回资金，非常灵活。余额宝中的资金甚至可以直接用于支付消费。

三、余额宝和理财通的操作方法

如何使用余额宝或理财通进行理财呢？

下面以余额宝为例，完成货币基金的买入和赎回。

1. 买入货币基金

第一步：确定转入。

打开手机余额宝（见图 7-6），因为从未用余额宝理财，所以余额宝中显示收益为零。如确定使用余额宝理财，单击手机屏幕右下角的"转入"键，手机屏幕会显示目前支付宝的账户余额（见图 7-7）。假如投资人打算初步投资 10 000 元，支付宝账户余额不足，那么可以单击"账户余额"右边的小箭头来选择付款方式。

第二步：选择付款方式。

屏幕下方显示可选择的付款方式（见图 7-8）。需要注意的是，与支付宝绑定的信用卡是不能用来付款充值的。借记卡可以用来充值支付，但是每张借记卡会有规定的单日限额。如果一天中充入的金额达到了限额就不能继续向余额宝中转入资金。

图 7-6　余额宝首页　　　　图 7-7　余额宝余额　　　　图 7-8　选择支付方式

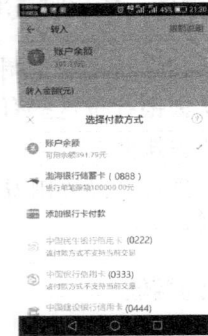

第三步：完成付款。

选择合适的支付方式后，手动输入想要投资的金额，单击"确认转入"键（见图 7-9），随后输入正确的密码（见图 7-10）。密码验证通过后，手机显示屏会自动显示成功转入的金额，并提示投资者开始计算收益的时间和收益进账的时间（见图 7-11）。

2. 查看收益

有投资者使用余额宝后经常遇到这样的问题，钱转进了余额宝，但收益还没有显示。

图 7-9　输入金额　　　　　图 7-10　输入密码　　　　　图 7-11　转入成功

这其实和金额转入的时间有关。转入余额宝的资金在第二个交易日由基金公司进行份额确认，对已确认的份额，收益会在次日 15:00 之前在余额宝中显示。但如果 15:00 后转入的资金会顺延 1 个交易日确认。双休日及国家法定假期，基金公司不进行份额确认。余额宝收益发放时间如表 7-1 所示。

表 7-1　余额宝收益发放时间

转 入 时 间	确 认 份 额	首次发放收益的时间
周一 15:00（含 15:00）～周二 15:00	周三	周四
周二 15:00（含 15:00）～周三 15:00	周四	周五
周三 15:00（含 15:00）～周四 15:00	周五	周六
周四 15:00（含 15:00）～周五 15:00	下周一	下周二
周五 15:00（含 15:00）～下周一 15:00	下周二	下周三

余额宝每天的收益都不同。我们可以通过下面的收益计算公式来计算一下自己可以获得的收益。余额宝收益计算器如图 7-12 所示。

余额宝投资收益=（余额宝确认金额/10 000）×当天基金
　　　　　　　公司公布的每万份收益

图 7-12　余额宝收益计算器

举例：余额宝投资收益的计算

张女士选择余额宝进行投资，初始投入 10 000 元，余额宝显示当天万份收益为 1.0496 元，那么基金公司确认后，首次进账的收益为多少钱呢？

根据收益计算公式：

张女士余额宝首次进账收益=10 000/10 000×1.049 6 元≈1.05（元）

3. 提出金额

使用余额宝理财的优势之一就是余额宝中的金额可以随时提现或消费。如果根据自身消

费习惯和需求，确认要结束理财，或者提出部分金额用于消费，投资者可以按照下面的步骤转出金额。

第一步：确认转出。

打开手机余额宝，选择手机屏幕左下角的"转出"键（见图7-13）。

第二步：选择接收方向。

投资者可以根据习惯或需要选择将余额宝中的金额转出至银行卡或支付宝余额中。

第三步：输入转出金额。

投资者可以在"¥"框的右边单击"全部转出"键，将余额宝中的全部金额转出，也可以按照需要在"¥"后面手动输入转出的金额（见图7-14）。

第四步：选择转出方式。

确认金额后，投资者可以选择转出方式，快速到账或普通到账（见图7-15）。

图7-13　余额宝首页	图7-14　输入金额	图7-15　转出方式

普通到账为默认的转出方式。投资者在 T 日（交易日）转出。T+1 日 24:00 前可以到账。中国基金交易日为非节假日的周一到周五，15:00 前为上一个交易日，15:00 后为下一个交易日。

快速到账是余额宝提供的增值服务，可通过支付宝 App 操作，当日转出，当日到账（预计2小时内到账）。快速到账服务时间是每天的 06:00—20:00。目前，单日单户限额 5 万元（含），这项服务每日另有总限额。

四、余额宝和理财通的风险和安全问题

虽然余额宝和理财通都可以实现足不出户就能理财，免去了到银行营业厅排队的麻烦，随时转入，购物或有其他理财需要时可以自由转出，流动性好，确实方便了不少投资人，但是，余额宝和理财通理财的风险也不容小觑。

第一，余额宝和理财通都是依托于网络的理财方式。通常人们还会使用手机等更便捷的移动终端。但是网络金融安全是近几年来世界关注的问题。微信被盗号时有发生，我们的网络理财账号也通常不那么安全。网络运营商也会提示客户要经常更换账户密码，以防被恶意攻击或盗号。

第二，现在的手机都是智能手机。手机使用者会在手机上安装支付宝 App。微信软件的

使用范围更是广泛，几乎人人都用。我们使用手机软件的习惯也会导致账户风险的存在。例如，可能很多人的微信和支付宝使用过后从来都只是关程序却不退出账号，因为这样可以方便购物支付。但如果手机一旦丢失或被盗，支付宝和微信支付功能便会给人可乘之机，因为向超市、餐馆这样直接扫条形码支付的方式是不需要密码的。当然，从余额宝中转出金额时需要密码，但如果是认识的人心生恶念，恰巧又通过一些手段获悉了账户密码，那么我们的网络理财账户就会变得岌岌可危。

第三，余额宝和理财通流动性好的优势也有可能会给投资人带来其他风险。例如，支付宝或微信中的好友账户被盗，可能会有人冒充好友实行骗术。如果是在银行里汇款转账，银行的工作人员都会让汇款人再三确认对方是否认识。可是在网络上却缺乏这样的提示，我们往往会因为大意疏忽确认的环节，遇到好友借钱这样的情况，马上就可以终止理财，完成转账。

第四，余额宝和理财通依然和其他理财产品一样存在投资风险。金融市场变化多端，余额宝和理财通的理财产品其本质是货币基金或指数型基金，只不过是选择了网络作为传递信息的工具。因此，作为投资产品的各类风险如市场风险、政策性风险、信用风险依然存在。余额宝在最开始成立的时候，其高收益、方便快捷的特点吸引走了大批投资者，甚至受到了多家银行的联手抵制。2014 年后，余额宝走下高收益"神坛"，从历史数据上看，余额宝收益率基本维持在 4%左右，与推出时 6%、7%的收益相比，有了明显下降。

这样看来，不能仅仅看到这些网络理财的优势，就忽略其他可能存在的风险和安全问题。所以，投资人还需要特别慎重考虑，根据自己的情况选择适合的理财产品和理财方式。

小故事中的理财智慧

2017 年 6 月底，余额宝的规模已达到了 1.43 万亿元，超过了招商银行 2016 年年底的个人活期和定期存款总额，并直追 2016 年中国银行的个人活期存款平均余额 1.63 万亿元。

余额宝是货币基金与互联网合作，高收益+流动性强的特点吸引了一大波投资者。近几年，我们也可以感觉到，银行并没有坐以待毙，任凭余额宝的超越。很多银行也把理财产品的流动性加强，譬如日日盈一类的理财产品都是随时可以赎回的。

马云曾经说过："如果银行不改变，那么我就改变银行。"现在看来，他做到了！

思考：马云是怎么"改变银行"的？

角色扮演

> 亲爱的同学们，我们可以为客户提供网络理财咨询服务了！

【实训目标】

解答客户咨询的问题。

【实训要求】

1．运用所学知识为客户解答有关网络理财的问题；

2．按照职业标准着装，热情接待客户；

3．组建小组，每 2 人一组。

【实训内容】

1．对比近几日余额宝和理财通中货币基金的信息，帮助客户分析后提供建议。

2．任务完成后填写评价表 7-2。

【实训过程】

讲解：_____

_____

_____

_____

计算：_____

_____

_____

_____

【实训评价】

根据评价要素，将个人的评分及说明填写在表 7-2 中。

表 7-2　评价表

评 价 项 目	评 价 要 素	分值	评分及文字评价
语言表达	使用专业术语准确	15 分	
	解答条理清晰	15 分	
	语言亲切、自然	5 分	
	口齿清楚、表达流利	5 分	
解决问题	计算公式正确	20 分	
	计算结果正确	20 分	
	结论明确	20 分	
合　　计		100 分	

任务检测

1．知识检测

（1）选择题

① 和余额宝相关的词包括（　　　）。

A．蚂蚁金服　　　　B．腾讯　　　　C．支付宝

D．微信社交软件　　　　　　　　　E．天弘基金

② 理财通是哪一家金融公司的理财服务平台？（　　　）

A．阿里巴巴集团　　　　　　　　B．腾讯财付通

C．蚂蚁金服　　　　　　　　　　D．易方达基金管理公司

（2）简答题

① 请解释一下余额宝和货币基金的关系。

_____

_____

_____

② 说一说余额宝和理财通理财平台的优势。

_____

_____

_____

③说一说余额宝和理财通理财平台的风险和安全问题。

_____

_____

_____

2．牛刀小试

【资料】

客户张女士原本在余额宝中投入2万元，每天都有一定收益入账。最近，因为频繁使用微信软件，在理财通中发现易方达基金易理财的近期年化收益率和万份收益金额都比余额宝近期的数值高，因此打算将余额宝中的2万余元资金全部转入理财通。

【要求】

（1）对比近几日余额宝和理财通信息，帮助客户分析后进行选择；

（2）以小组为单位完成任务。

【操作记录】

_____

_____

_____

_____

拓展阅读

关于 P2P 金融

P2P（person-to-person 或 peer-to-peer）理财是指以公司为中介机构，把借贷双方通过一个互联网理财平台对接起来，实现各自的借贷需求的一种新型理财模式。借款方可以是无抵押贷款或有抵押贷款，而公司作为中介方一般是收取双方或单方的手续费或赚取一定息差为盈利目的。

P2P 金融有两种模式，即基于电子商务的网络 P2P 金融和传统线下的 P2P 金融。线上 P2P 模式，是纯线上、纯信用的网络借贷，贷款申请、投标、风险审核、贷款发放都在线上进行，企业只是提供一个双方撮合的平台。线下 P2P 模式是指线上模式借贷流程中的审核、贷款发放等流程放在线下进行。线下模式审核和银行贷款审核方式无二，一般需要抵押物，募集资金由线上模式平台自主支配，贷给借款人。

近几年来，P2P 金融模式在我国发展迅猛，但是存在的乱现象也很多。很多 P2P 平台借贷程序不完善、不严谨，出现资金链断裂，导致大量借款无法偿还，承诺收益无法兑付，最后很多借贷平台关闭，不少线下门店也纷纷倒闭。被高收益吸引的投资者的损失非常严重，引发了不少社会问题。所以，选择 P2P 理财不能仅盯住高收益，其中的风险性也必须引起注意。

思考：如何选择合适的 P2P 平台进行理财？

任务二　选择收藏品与黄金投资

俗语有云：乱世饥馑，盛世收藏。中国历史上每一次全国性的"收藏热"，无不是伴随着太平盛世而来。随着我国经济水平的提高，我国居民的生活水平不断提高，人们在投资理财方面的需求也逐渐扩大到收藏品这个领域中。近几年，电视上各类寻宝、鉴宝的节目更是为"全民收藏热"推波助澜。

任务导入

客户纪先生来到银行咨询展柜藏品和纪念币的发行及订购信息。客户经理莉莉为客户进行了耐心解答。

知识准备

一、收藏投资的需求

收藏，其本义为收集保藏、保存的意思。但若与投资联系在一起，就肯定不是对所有物品的收集和保存都可称为收藏了。简单地说，收藏投资是通过对有较高价值的各类物品进行收集和保存，以实现保值升值的目的。

人为什么要收藏呢？从古至今可以归为以下几个原因。

1．原因一：审美的需求

溯本求源，收藏到底起源于什么时候，恐怕没有人能说得清。19 世纪，规范的考古学在欧洲诞生。考古学家们在今法国境内发现了一些距今 8 万年的石制和骨制小物件，根据推测，这些小物件很可能是一些装饰品（见图 7-16），证明人类已经有了审美的需求。因此，这些被收集起来的小物件被考古学家们认为是"收藏"的起源。

由此，收藏的起源或许可以单纯地被定义成是审美的需要。大部分收藏家对自己所收藏的物品都倾注了很多心血，悉

图 7-16 考古发现最早装饰品

心呵护。每一件藏品都是一件艺术品，收藏的目的就是为了时时能够欣赏，满足内心对"美"的追求。甚至在相当长的一段时期内，尤其是中国封建社会时期的文人，单纯是对"美"的需求，收集大量书画作品只因为爱好和欣赏。

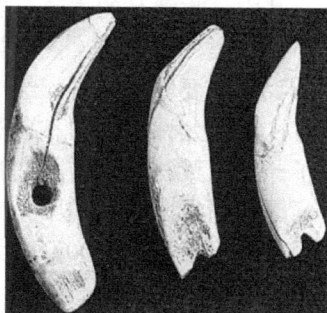

2．原因二：信仰与权力

随着人类社会不断地发展变迁，收藏的目的可能就不仅仅是审美那么简单。在西方，大量的精美艺术品被发现于古代神庙遗址，这是由于当时的人类认为他们所信仰的神应该是这些精美物件的最终享受者。因此，出于对神明的敬仰，人类会收集大量的精美物品作为祭品供奉于他们心中的神明。中国比西方更早进入了阶级社会，也就是说当时人们认为能够有权利享受"美"的东西的不仅仅是神明，还有皇权阶级。因此更具有艺术价值的精美物品大都被发现于皇权贵胄、王侯将相居住的宫殿或坟墓中。由此可以看出，艺术品收藏的权利并非是平头百姓可以拥有的。或许当时的人们并没有意识到自己收集精美物品的行为叫"收藏"，但是也算是奠定了当代中国收藏文化的基础。

3．原因三：保证与升值

人类社会不断发展，人们对物质的需求也不断膨胀。然而资源数量的限制导致人类社会中出现了争抢，甚至战争。在动乱的年代里，有钱人开始不惜一切代价收集贵重的物品，以便能够换取必要的生活物资，实际上是通过贵重物品的收集实现保值目的。所谓"乱世黄金"，其实就是因为黄金的价值相对货币来说比较稳定，收集什么都不如收集黄金保险。

但是，人类总不能一直处于乱世之中。人类历史的发展规律是乱世与相对和平交替出现。

每逢和平盛世出现，收藏品的价值就会提高到一个层次。在人们的基本物质需求得到满足后，精神层面的需求就会显现出来。此时人们对于收藏品的态度就不仅仅是保值那么简单，投资升值的目的会更明确。

二、收藏品类型和热点

1．收藏品类型

在当今这股"收藏热"的潮流中，收藏品的类别多种多样，但类别划分也是众说纷纭。

其中，收藏品的主流分类是：文物类，绘画类，陶瓷类，玉器类，珠宝、名石和观赏石类，钱币类，邮票类，文献类，票券类，徽章类，商标类，标本类等。

我们需要知道的是，经过国家文物部门鉴定过属于国宝级的珍贵文物，其所有权归国家所有，是不允许在民间私自买卖的，只能是国家收藏。不过，对于一般文物，近年来国家出台了一些政策法规，鼓励文物的民间收藏，但必须保证文物来源的合法性。

国宝翡翠玉白菜如图 7-17 所示。1912 年，黎元洪像"戴帽""中华民国"开国纪念壹圆银币市场价格为 28 600.00 元，如图 7-18 所示。

图 7-17　国宝翡翠玉白菜

图 7-18　黎元洪像"戴帽"

另一种收藏品的分类法就是在主流分类的基础上，将上述 12 小类继续归为 4 大类：自然历史、艺术历史、人文历史、科普历史，如图 7-19 所示。

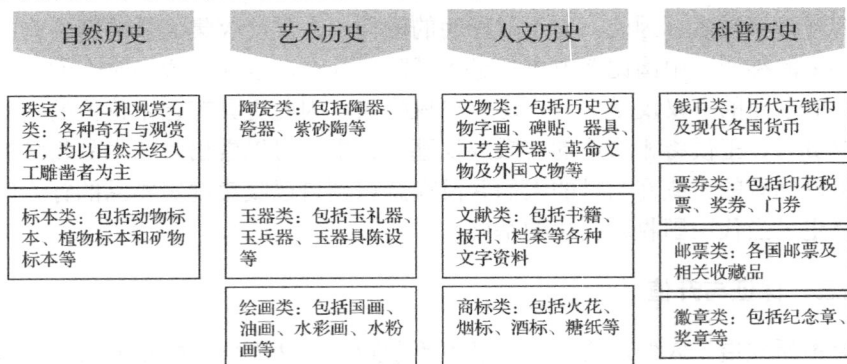

自然历史		艺术历史		人文历史		科普历史
珠宝、名石和观赏石类：各种奇石与观赏石，均以自然未经人工雕凿者为主		陶瓷类：包括陶器、瓷器、紫砂陶等		文物类：包括历史文物字画、碑贴、器具、工艺美术器、革命文物及外国文物等		钱币类：历代古钱币及现代各国货币
标本类：包括动物标本、植物标本和矿物标本等		玉器类：包括玉礼器、玉兵器、玉器具陈设等		文献类：包括书籍、报刊、档案等各种文字资料		票券类：包括印花税票、奖券、门券
		绘画类：包括国画、油画、水彩画、水粉画等		商标类：包括火花、烟标、酒标、糖纸等		邮票类：各国邮票及相关收藏品
						徽章类：包括纪念章、奖章等

图 7-19　收藏品分类

2．收藏品热点

如果对当今收藏市场进行分析，我们就可以得出以下藏品为现阶段的收藏热点。

（1）贵金属，包括黄金、白银、铂金等金属品种。投资者可以选择金币、银币、投资金条、贺岁金条、贵金属纪念币或首饰、艺术品等多种形式进行收藏和投资。贵金属的货币属性决定了其避险、保值、增值的持续需求。其抗通胀能力使得贵金属具有长期的收藏投资价值。但是，贵金属作为一种特殊的具有投资价值的商品，其价格受多种因素的影响，包括国际经济形势、美元汇率、相关市场走势、政治局势，甚至原油价格等。如果投资者把握不准确，或者有了错误的预估，投资损失在所难免。因此，离开了收藏的目的，贵金属投资的风险也是比较大的。

黄金投资在贵金属投资中依然占有很大比例。投资黄金可以选择实物黄金投资、纸黄金、黄金T+D、现货黄金、期货黄金等投资方式。但其中具有收藏意义的只有实物黄金。实物黄金投资包括金条、金币及黄金首饰，以持有黄金实物的形式做投资。如果除考虑黄金的保值、增值的因素之外，还要兼顾艺术收藏性，那么工艺金、纪念金币和黄金首饰值得考虑。其中，比较热门的是纪念性金币，因为其发行数量比较少，具有鉴赏和历史意义，其职能已经大大超越流通职能，投资者多为投资增值和收藏、鉴赏用，投资意义比较大，如图7-20～图7-22所示。

> **决定纪念金币价格的因素：**
> 1. 数量越少，金币价格越高；
> 2. 铸造年代越久，价值越高；
> 3. 目前品相越完整，价格越高。

图7-20 中国建设银行——生肖金币　图7-21 中国建设银行——灵猴　图7-22 2018年熊猫金质纪念币

（2）钱币，主要包括古币、人民币、纪念币和纪念钞。近几年，我国每年都会在重大节日如春节前，或者有重要事件之后发行纪念币或纪念钞。例如，2016年1月的10元猴币（见图7-23），2015年的中国人民抗日战争暨世界反法西斯战争胜利70周年纪念币（见图7-24），2015年中国航天纪念钞100元钞（见图7-25）等。每次发行纪念币，收藏爱好者们都早早地在国有商业银行网站上预约，一旦纪念币正式发行就很快被一扫而空。收藏纪念币则需特别注意，要选择中国人民银行发行的、有固定面额、可以流通的纪念币，因为纪念币也算是我国的法定货币，和一般的纪念章是有本质区别的。

（纪念币）　图7-23 10元猴币　图7-24 中国人民抗日战争暨世界反法西斯战争胜利70周年纪念币

（3）邮票，包括老邮票、新邮票、纪念邮票、生肖和文化邮品等。邮票素有"国家名片"之称，每个国家发行邮票，无不尽选本国最优秀、最美好、最具代表性或纪念性的东西，经过精心设计展现在邮票上，如图7-26所示。目前，国家大力提倡发展文化产业，邮票作为国家名片是一种非常好的文化载体，也是文化藏品中的主力。

图 7-25　中国航天纪念钞 100 元钞

图 7-26　2017 年中国共产党第十九次全国代表大会纪念邮票

（4）其他艺术品，包括名家字画、现代油画、明清瓷器、观赏石等。据专家分析，进入2010 年以来，由于时间条件的允许，艺术品收藏队伍迅速平民化，直接促使了全民收藏热以高昂的姿态降临。名家画作一直以来都是收藏者的心中挚爱。2015 年 5 月，齐白石的《松柏高立图·篆书四言联》（见图 7-27）从 8 800 万元起拍，最后以 3.7 亿元的落槌价被买家收入囊中，加上 15% 的拍卖佣金，最终总成交价为 4.255 亿元。古玩市场虽然因为种种原因导致成交量萎缩，但从多年的行情看，艺术品市场一直在走上涨—平稳—上涨—平稳的台阶式路线。

图 7-27　齐白石　《松柏高立图·篆书四言联》

三、收藏投资渠道

如今这种"全民收藏热"的局面，使得收藏者不再是一个小群体，而是渗透到了社会的各个阶层。他们有的是有着丰富的专业知识和经验的收藏家，而有的只是因为爱好或都谈不上爱好的业余收藏者。具有收藏价值的藏品数量是有限的，面对无限增长的收藏人群，藏品的价格也不断攀高。能够在合法渠道中取得价格合理的藏品，对这些收藏者来说尤为重要。如果稍有不慎，花高价买假货，对有些人的打击可谓是致命的。因此，有必要了解一些关于藏品来源的渠道。

1. 旧货市场

相信一提起"潘家园"三个字，收藏爱好者们马上想到的就是"潘家园旧货市场"。在有些人的心中，"潘家园"三个字简直就是古玩寻宝之地的代名词，如图7-28所示。"登长城、吃烤鸭、游故宫、逛潘家园"已成为外国游客到中国旅游的重要项目。早年间，确实有不少人在此真的淘到了很有收藏价值的宝物。比如拥有中国第一家私人博物馆的马未都就曾亲自

讲述过自己在潘家园"捡漏"的经历。

但是如今能够在旧货市场捡到乾隆年间瓷器的时代已经过去了。全国各地的旧货市场早已被收藏家、收藏爱好者们扫过很多遍。真正的宝物的踪影在这些旧货市场上已经很难寻觅了。当然，不是没有，而是非常罕见了。但是，仍然有些执着于旧物收藏的"国宝帮"们，依然每日都在大小旧货市场中徘徊，期待有朝一日能够捡到宝贝。当然，因此上当受骗的也大有人在。

图 7-28　潘家园旧货市场

如今，想在旧货市场，或者是钱币市场中买到收藏品的，一定要看准正规的商铺。价值连城的古董可能很难发现，但是对于一些精美的工艺品、民间老物件、老邮票、古钱币、被收藏的人民币等藏品还是有宝可寻的。

2. 银行

贵金属业务是银行提供的比较成熟的投资业务。贵金属业务可以分为实物贵金属和账户贵金属。实物贵金属包括黄金、铂金、白银、钯金等。金属产品的形态包括金条、工艺金条、钱币和一些工艺造型，现在还有一些与玛瑙、翡翠等非金属材质结合而成的首饰类产品，如图 7-29～图 7-31 所示。在银行里所能买到的贵金属制品、珠宝首饰等全部都是有鉴定证书的。

图 7-29　工商银行 2018 熊猫金币　　图 7-30　工商银行如意金元宝　　图 7-31　工商银行龙凤传家银套

另外，纪念币一般需要收藏爱好者到银行去进行兑换。因为纪念币也是我国的法定货币，不过是定量发行的。中国人民银行通常会指定中国银行、中国农业银行、中国工商银行和中国建设银行四家国有银行作为纪念币的兑换机构。

由于收藏品市场真假参半，不少收藏投资者对于旧货市场、古玩市场这样鱼龙混杂的地方望而却步。最近几年，人们发现很多银行的营业大厅里摆放了收藏品展柜。这些收藏品包括邮币、金银币、金银工艺品、手串项链等首饰、现代工艺品、字画等。

图 7-32　工商银行官网金饰

现在很多人选择在银行购买各类收藏品的原因是觉得银行这个发售渠道很权威。虽然收藏品价格与外面其他收藏品市场差不多或可能会贵一些，但毕竟保真是最重要的。相比其他渠道来讲，人们选购收藏品也比较方便，通常在银行办理业务时就顺便一起购买了。在银行的官方网站上购买还能送货到家，也是非常便利的，如图 7-32 所示。

3．典当行

典当行，俗称当铺，是专门发放质押贷款的金融机构，是以货币借贷为主和商品销售为辅的市场中介组织。

中国的当铺一般认为出现在南北朝时期。在 1949 年中华人民共和国成立前，也就是民国后期，典当业非常兴盛。当时，光北京就有超过 300 家当铺。但是 1949 年后，典当业完全停业。改革开放后，"成都市华茂典当服务商行"在成都正式挂牌营业，成为中华人民共和国成立后中国大陆的第一家典当行。1992 年年底，北京第一家典当行"金宝典当行"也开始试营业。

现在典当行主要经营的是以房产、汽车、各类民品作为抵押或质押物，向急需要资金周转的当户发放贷款（当金），以当息为主要营业收入的业务，如图 7-33 所示。当户按照约定期限，偿还当金、支付当息便可以赎回当物。其中，民品一般指贵金属、钻饰品、珠宝玉石、名表、数码产品、名人字画、古玩杂项和一些其他具有价值的高档物品。

在典当行所收取的这些民品中，如贵金属类、珠宝首饰类、名人字画类和古玩类当品，有不少是收藏爱好者们的收藏品。现在北京潘家园旧货市场附近就开有很多连锁典当行。因为资金周转需要，收藏者们将一些收藏品作为质押物，从典当行拿到现金，一旦有条件就会尽力赎回当品。但是也会有一些当户在期限内无法偿还当金取回当物，那么这些当品就成了绝当。典当行要想将这些绝当品变现，就只能选择出售，当然，在价格上是很有优势的，如图 7-34 所示。因为典当行在收这些当品时，会对当品价值进行评估，但却不会以当时市场价向当户支付当金。

图 7-33　民品典当官网

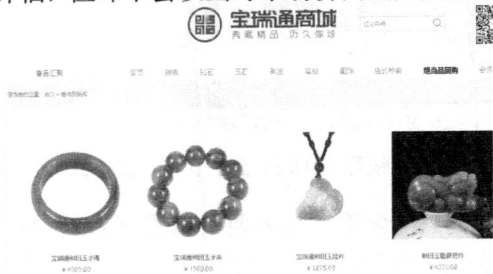

图 7-34　典当行销售绝当品

在典当行里选择贵金属、珠宝首饰、名表等产品不用太过担心它们的真伪，因为这些物品在收购时已经经过专业典当师的鉴定。既然可以保真，价格也相对较低，因此典当行成为收藏爱好者们经常光顾的地方。

4．拍卖会

图 7-35　绝当品待拍卖

当然，对于资深的大师级收藏家，拍卖会一定是其收藏品的主要来源之一。拍卖是财产权利转让的最古老方式之一。公元 2 世纪末古罗马出现了拍卖行。现代文明的拍卖模式始于 18 世纪的英国。中国的拍卖行业出现于清朝末年，当时的拍卖行多是拍卖自己收购来的旧货和典当物品，如图 7-35 所示。

很多人把拍卖看成一种古老的商品交易行为。但是，直到今日，拍卖在现代经济生活中仍占有重要地位。在美国，某一星期内就可能有 1000 次以上的艺术品和古玩拍卖。

收藏家们钟爱的古玩字画、精美器具等收藏品的拍卖会都是由依法设立的拍卖公司举办的。拍品所有者依照程序委托拍卖公司完成拍品的拍卖过程，而竞买者也需依照程序参加公开竞拍，如图 7-36 所示。最后，出价最高者付款后取得拍品。

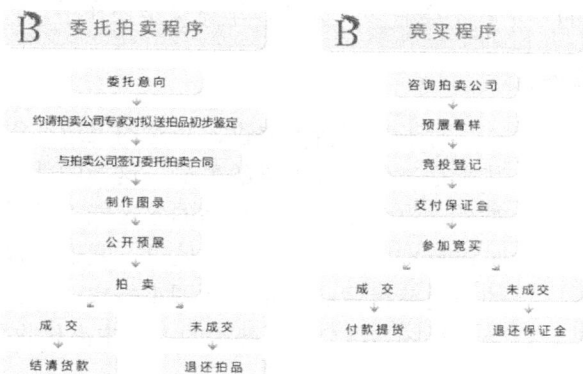

图 7-36 拍卖流程

各类瓷器、书画，还有各类具有收藏价值的杂项，如钱币、邮票、错版人民币等都是拍卖会上的常客。通过公开竞价所成交的藏品价格一般都是比较高的。这也要求收藏者们有很强的经济实力。

5. 珠宝首饰专营店

如果收藏者偏爱珠宝、黄金饰品等藏品，可以选择各大珠宝首饰公司的专营店。以黄金为例，在饰品专营店中可以选购黄金投资金条，也可以选择黄金工艺品和黄金饰品。各家珠宝首饰公司的黄金售价和收购价都略有区别。收藏者可以根据自己的审美、用途需要和品牌偏好来进行选择。

四、收藏投资建议

1. 收藏为根，不盲从

所谓"收藏投资"，收藏才是根，而追求藏品升值并不能完全叫"收藏"。收藏某些藏品必定要出于自己的爱好，符合收藏者自己的审美。所以，不适合的藏品不选，不熟悉的藏品不做。市场价格风向不能作为选择收藏品的指示标，否则收藏没做成，投资也未必有很好的收益。

另外，收藏投资不能盲从。当年"中国大妈"对决"华尔街大鳄"以"中国大妈"完胜事件，又到"国际金价不断下跌，中国大妈被套牢"，其实就体现了一种盲目跟风的状态。当代著名经济学家郎咸平曾建议"中国大妈"远离黄金，说的就是这些投资者们在金价下跌的时候，盲目跟风纷纷去买黄金首饰是一种很不理智的行为。对黄金市场完全没有了解的情况下，也没有一个合理的价格预期，很容易被套牢。事实证明，大妈们购买的大都是黄金饰品，饰品价格还包括工艺价格在里面，所以比投资黄金价格要高，回购起来也比较麻烦，而

且还会有手续费。如果买黄金的目的是投资获收益，那结果肯定不乐观。这也体现出我国投资者投资渠道匮乏，缺乏理性的投资观念。

但换句话说，或许"中国大妈"在 2013 年疯狂购买黄金并没有多少投资概念，就是单纯地出自传统的消费观"看见打折就要买"，而且买来的又大都是黄金饰品，只要不着急卖掉变现，就不会有多少实际损失。抱着收藏传世的心态，这些饰品的收藏价值本就是高于投资价值的，那点账面上的亏空就不会有多大影响，毕竟黄金还在手。

2．渠道合法，不贪便宜

对于收藏新手来讲，从对的渠道获得真正有价值的收藏品其实是一件比较困难的事情。这指的就是收藏品市场物品真假难辨，收藏爱好者对藏品的鉴定能力参差不齐，新手在入门的时候特别容易上当受骗。此时，我们要谨记，应从正规、合法的渠道获得藏品，不能贪图小便宜，如在无法保证品质的地摊上（见图 7-37）、不熟悉的人手中高价收取所谓的"古玩""字画""玉器"等。

图 7-37　地摊寻"宝"

另外，还需谨记的一点就是国宝级珍贵的"文物"是不能私自买卖的。文物不是不能民间收藏，但要保证渠道合法。祖传下来的、从正规的文物商店购买的、正规拍卖行竞拍得来的都是合法的，但切忌进入文物的黑市交易，否则私自参与文物的贩卖是严重的违法行为，要负刑事责任。

3．不选贵的，只买对的

藏品并非越贵越好，要量力而为。"价值"不仅仅是用金钱来衡量的。对于普通的收藏爱好者来说，文化内涵丰富，但价格相对较低的一些邮票、纪念币等藏品就是很好的选择，当然最重要的还是要符合自己的爱好和审美的需求。所以，藏品的获取不需要一定参加拍卖会，通过高价购买有着多少年历史的瓷器、瓦片，只要自己喜欢，这些藏品对收藏者个人来说就是有价值的。

4．不为短期，做长线

通过收藏来投资，如果只盯住短期收益，那么其实可以不用考虑"收藏"这件事。收藏投资必须要做长线打算。

人们对黄金的需求主要就是实物需求和投资需求。但是，实物黄金需求对黄金的价格影响有限，因为全球每年的黄金实物供给与需求大体相当，而黄金价格主要受投资需求变动的影响。个人投资实物黄金，如果不考虑工艺装饰需求，那就可以直接到银行购买金条，坐等升值，只有升值才能有盈利，如图 7-38 所示。实物黄金投资必须考虑长线持有。当年买黄金的"中国大妈"如果本来就抱着长线投资打算，就不必过于担心黄金市场价格的波动。几千年来，世界各地对黄金价值的认同，奠定了黄金的长线价值。加上黄金本身的稀缺性，还兼具了储备、饰品等功能，虽然短期内价格可能会有波动，但是长期来看的话，黄金作为重要

投资品的价值还是依然存在的。

　　有些藏品或投资品价格下跌或暂时被套，也需要看这些藏品或投资品的品种，所以即便是被套住也不必惊慌，短期被套是很正常的市场现象，再好的东西也会有价格波动的规律。如果短期内沉不住气，看见价格下跌就赶紧出手的话，那么只会损失，收藏没做成，投资保值也没实现。

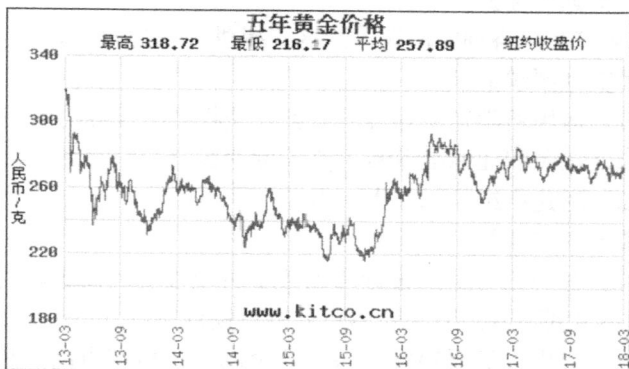

图 7-38　实物黄金价格

小故事中的 理财智慧

　　一个收藏爱好者曾经碰到这么一个人。这个人千里迢迢从老远背来一个大砚台。砚台也确实很大，细看砚台无论从品相、雕工都属于不错的上乘品，当然，顶多是旧时大户人家孩子读书用的。但是这个人说："我听爷爷讲，这方砚是苏东坡用过的。苏东坡是唐宋散文八大家的一员，你也知道他是唐朝的大学士，历史地位很高，人文价值流芳百世。我爷爷做过同治皇帝的保镖。在告老还乡时，同治帝就把自己用过的这方砚送给了我爷爷作为奖赏，并告诫我爷爷，子孙宜读书。现在我爷爷 90 岁了，正生病住院，想把这方砚卖了治病。就 10 万元，看看能不能找个大老板卖了，诚心想要的话便宜一点也行。"

　　收藏爱好者听完"故事"对这个人说："你爷爷可能老了记性不太好了吧，苏东坡哪里是唐朝的大学士；还有，你爷爷今年 90 岁，怎么可能做过同治帝的保镖，辛亥革命才 100 年啊！你先回去问清楚了再给我打电话，好吗！"

　　思考：这个故事说明了什么问题？

角色扮演

　　亲爱的同学们，我们可以为客户提供收藏品投资咨询服务了！

【实训目标】

解答客户咨询的问题，给客户提供合理的建议。

【实训要求】

1．运用所学知识为客户解答有关收藏品投资的问题；

2．按照职业标准着装，热情接待客户；

3．组建小组，每2人一组。

【实训内容】

1．客户纪先生到银行咨询关于黄金投资的问题，为到底选择投资金条还是黄金首饰或工艺品感到困惑，请帮助客户分析后提供建议。

2．纪先生觉得银行出售的黄金制品价格有点高，还想对比了解一下其他购买渠道，请帮助纪先生解答疑问。

3．任务完成后填写评价表7-3。

【实训过程】

讲解：

_____

_____

_____

_____

_____

【实训评价】

根据评价要素，将个人的评分及说明填写在表7-3中。

表7-3　评价表

评价项目	评价要素	分值	评分及文字评价
语言表达	使用专业术语准确	15分	
	解答条理清晰	15分	
	语言亲切、自然	5分	
	口齿清楚、表达流利	5分	
实训1	分析到位,知识点应用得当	15分	
	结论明确,建议合理	15分	
实训2	分析到位,知识点应用得当	15分	
	结论明确,建议合理	15分	
合计		100分	

任务检测

1. 知识检测

（1）选择题

① 自古人们选择收藏藏品的原因包括（   ）。

A. 审美需要   B. 保值   C. 传世   D. 投资升值   E. 祭祀

② 从下面哪些渠道购买收藏品的真伪能够有保证？（   ）

A. 旧货市场   B. 银行   C. 典当行   D. 拍卖会

（2）判断题

① 文物只能国家收藏，民间收藏文物违法。（   ）

② 对藏品的分类中，历代钱币和当代货币藏品属于人文历史大类。（   ）

③ 纪念币是由人民银行发行，是我国的法定货币。（   ）

（3）填写关于收藏品的分类图。

（4）简答题

① 解释一下为什么典当行里能有一些精美的收藏品出售。

_____

_____

_____

② 在银行可以选择哪些收藏品？

_____

_____

_____

③ 你想给收藏爱好者提出哪些建议？

_____

2. 牛刀小试

【资料】

客户纪先生听同事们最近在讨论纪念币兑换的事，因此到银行里咨询。请给纪先生解答疑问。

【要求】

（1）介绍纪念币的类别、纪念币的兑换流程、投资纪念币的注意事项。

（2）以小组为单位完成任务。

【操作记录】

_____

_____

_____

_____

_____

_____

_____

拓展阅读

"中国大妈"疯抢黄金

世事莫测，不经意间，"中国大妈"成了世界金融界的热词。2013 年 4 月中旬，国际金价出现了历史罕见的暴跌行情，连续两天跌幅高达 15%。伴随金价持续下跌，我国多个地方出现"抢金潮"。五一前后，国内消费者趋之若鹜，大力吸金，10 天 1 000 亿元人民币狂扫 300 吨黄金，约占全球黄金年产量的 10%，买金就像买白菜，以至于有媒体惊呼："中国大妈完胜华尔街"。然而，好景不长，进入 5 月后，国际金价反弹力度削减，5 月 10 日，国际金价再次大跌 2.18%。截至 13 日收盘，金价再度回到两周内低点，不少人一算账发现，多数"中国大妈"进入了被套阶段，最惨者被套深度高达 28%以上。"中国大妈"着实被黄金折腾了一把，有点像 2007 年的股市噩梦。

思考："中国大妈"疯抢黄金体现了哪些问题？查询从 2013 年 4 月的黄金价格，看看"中国大妈"们盈利了吗？